suhrkamp t

»Stellen Sie sich vor, wie Sie ein Walnussbrot aufschneiden, einen provenzalischen Ziegenkäse aus dem Einschlagpapier nehmen, ein paar Muskattrauben dazulegen und sich einen kalifornischen Pinot Noir ins Glas gießen. Wie Sie das Glas zum Mund führen, das weiche Aroma einatmen, einen Schluck nehmen und kurz darauf spüren, wie jenes warme Gefühl der Entspannung durch Ihren Körper fließt. Wie Sie eine Zufriedenheit spüren, die sich ein bisschen wie Glück anfühlt.«

Aber was ist, wenn es nicht bei dem einen Glas bleibt, sondern regelmäßig eine Flasche oder mehr daraus wird? In seinem Bestseller *Nüchtern* erzählt Daniel Schreiber, wie es sich anfühlt, diese Schwelle zu übertreten. Er berichtet von einer Krankheit, von der die meisten von uns immer noch glauben, dass sie keine ist. Und von der wir annehmen, dass sie nur die anderen, aber niemals uns selbst betreffen kann.

Kluge Gesellschaftsanalyse, neurobiologisches Sachbuch und literarischer Erfahrungsbericht: *Nüchtern* ist das Aufklärungsbuch unserer Zeit. Es zeigt uns, dass das Glück nicht im trunkenen Vergessen liegt, sondern darin, ein wirkliches Leben zu führen.

Daniel Schreiber, geboren 1977, lebt in Berlin. Er arbeitet als freier Autor u.a. für *Die Zeit, Deutschlandradio Kultur* und die *taz*. 2007 erschien seine Susan-Sontag-Biographie *Geist und Glamour*.

Zuletzt ist im suhrkamp taschenbuch von ihm erschienen: *Zuhause* (st 4916).

Daniel Schreiber

NÜCHTERN

Über das Trinken
und das Glück

Suhrkamp

7. Auflage 2021

Erste Auflage 2016
suhrkamp taschenbuch 4671

Umschlagmotiv: © swisshippo/Thinkstock
Umschlaggestaltung: Rothfos & Gabler, Hamburg
Druck und Bindung: CPI books GmbH, Leck
Printed in Germany
ISBN 978-3-518-46671-1

INHALT

ALS ALLES BEGANN

Es ist immer einfacher, sich an den Anfang einer Liebe zu erinnern als an ihr Ende. Ich kann noch mit hundertprozentiger Genauigkeit das Gefühl jener Zeit in mir hervorrufen, als das Trinken zu einem festen Bestandteil meines Lebens wurde, zu einem unverrückbaren, beglückenden Bestandteil. Es war in New York, in Park Slope, um genau zu sein, einem malerischen Stadtviertel in Brooklyn, dessen Straßen mit hübschen Brownstone-Häusern und mit um die Jahrhundertwende gepflanzten Ginkgo-Bäumen gesäumt sind und in dem man die Sonntagnachmittage mit Kaffeebechern in der Hand und einem Hund an der Leine im weitläufigen Prospect Park verbringt. Doch im Grunde hat diese Geschichte überhaupt nichts mit New York zu tun. Es ist eine ganz gewöhnliche Geschichte, die sich so oder so ähnlich auch an jedem anderen Ort der Welt abspielen könnte, in London, Barcelona oder Tel Aviv, in Dresden, Bamberg oder Offenbach. In Berlin sowieso. Suchen Sie sich einen Ort aus, ersetzen Sie New York durch die Stadt, in der Sie gerade leben, oder durch einen Ort, an den Sie sich besonders gerne zurückerinnern. Stellen Sie sich vor, wie Sie ein Walnussbrot aufschneiden, einen provenzalischen Ziegenkäse aus dem Einschlagpapier nehmen, ein paar Muskattrauben dazulegen und sich einen kalifornischen Pinot Noir ins Glas gießen. Wie Sie das Glas zum Mund führen, das weiche Aroma einatmen, einen Schluck nehmen und kurz darauf spüren, wie jenes warme Gefühl der Entspannung durch Ihren Körper fließt. Wie Sie Ihren Partner oder Ihre Partnerin anlächeln, wenn Sie das zweite Glas hinüberreichen.

Wie die schiefen Zwischentöne im Zusammenleben der vergangenen Tage, die beiderseitig unausgesprochenen Unzufriedenheiten und bösen Vorahnungen wieder leiser werden. Wie Sie wissen, dass für die nächsten Stunden das Chaos da draußen und auch das in Ihnen weitgehend in den Hintergrund rücken wird. Wie Sie eine Zufriedenheit spüren, die sich ein bisschen wie Glück anfühlt.

Verstehen Sie mich nicht falsch, ich habe immer gerne getrunken. Alleine und in Gesellschaft. In Bars und auf dem heimischen Sofa. Am Wochenende und unter der Woche. Als Student hatte ich die Partys gefeiert, die alle feierten, die Drogen genommen, die alle nahmen, die verkaterten Vormittage, Affären und Beziehungen durchlebt, die man in dem Alter meistens durchlebt. Das Trinken war dabei stets willkommen, es wirkte wie eines der selbstverständlichen Rituale des Heranwachsens, einer Zeit, in der man imstande ist, morgens in einer Bar glücklich die Sonne aufgehen zu sehen, um dann allein oder zu zweit ohne schlechtes Gewissen schlafen zu gehen. Weil man noch so jung ist und so viel Zeit hat. Weil alles, was man macht, noch nicht so richtig zu zählen scheint. Weil das Leben, auch wenn man es selbst gar nicht so sagen würde, noch in seinem vollen Umfang vor einem liegt und darauf wartet, gelebt zu werden. Weil jede Entscheidung noch so wirkt, als wäre sie ganz einfach wieder rückgängig zu machen. Weil man erst sehr viel später realisieren wird, dass alles, dass jede einzelne Minute gezählt hat. Und dass jede einzelne dieser Entscheidungen mehr oder weniger bedeutende Konsequenzen nach sich zog.

An die Anfänge von großen Lieben – und wie für fast jeden Trinker war das Trinken für mich eine große Liebe, eine ganz große sogar – erinnert man sich vor allem deshalb besser als an ihre Enden, weil sie so viel schöner sind. Die Enden von wichtigen Beziehungen ziehen sich lange hin. Man ringt so sehr und so lange um ihren Erhalt, dass man irgendwann nicht mehr weiß, wann die Liebe zu einem Kampf wurde. Die Anfänge hingegen sind meistens voller Versprechen, voll schöner Projektionen. Tatsächlich konnte ich mir damals, mit Mitte zwanzig in Park Slope, vorstellen, noch lange so zu leben. Mit meinem damaligen Partner, unseren Freunden, meinen verschiedenen Jobs – und den Flaschen kalifornischen Pinot Noirs, deutschen Rieslings, französischen Bordeauxs, australischen Cabernets oder spanischen Cavas, die ich nach eingehender Beratung in einem gut sortierten Weinladen in unserer Nachbarschaft erstand. Mit dem Gefühl der Balance, die das Trinken mir vermittelte, dem sanften Vergessen, das es nach anstrengenden Arbeitstagen förderte, mit dem Eindruck eines sinnlichen Puffers zu dieser Welt, den es bei mir hinterließ. Damit, dass es jene Stimmen in meinem Kopf zu beruhigen schien, die sich von Zeit zu Zeit lautstark meldeten, um mich daran zu erinnern, dass bei weitem nicht alles so rosig war, wie ich es wollte. Es war gar nicht so, dass wir exzessiv tranken, mein Partner und ich. Obwohl wir an den Wochenenden oft ausschweifend feierten, blieben wir lange bei der gemeinsamen abendlichen Flasche, und das noch nicht einmal jeden Tag. Die Wahrheit aber war, dass ich mir schon damals das Leben, das wir uns eingerichtet hatten, nicht ohne diesen Wein vorstellen konnte. Eigentlich hatte ich schon damals das Gefühl, dass dieses erwachsene Leben nur einen Sinn hat, wenn man auch trinkt.

Vielleicht erinnert man sich an die Enden großer Lieben schließlich auch schlechter, weil sie meistens schon zu enden beginnen, während sie noch anfangen. Der Schlusspunkt meiner Liebe zum Trinken hat sogar ein genaues Datum. Es ist der

Tag, seit dem ich nicht mehr trinke. Keine Wodka Tonics, keinen Merlot, kein Glas Sekt, nicht einmal einen Tropfen Bier. Doch das Beziehungsende begann schon lange vor diesem Schlusspunkt, es begann damals in Park Slope. Wäre mir jene halbe Flasche Wein am Abend nicht so wichtig gewesen und wäre es bei ihr geblieben, würde ich mit großer Sicherheit heute noch trinken.

Hört man Menschen in Deutschland über Alkoholkrankheit sprechen oder liest man Bücher darüber, wird man sich meistens auch dann nicht als abhängig definieren können, wenn man sich morgens zur Beruhigung einen Schuss Gin ins Müsli kippt. Das einschlägige Vokabular ist meist so düster, pathologisch und humorlos, dass es nichts mit einem zu tun zu haben scheint. Die bedrohlichen Alkoholismus-Szenarien, denen man bei uns immer wieder begegnet, sind nur schwer mit der Lebensrealität des Trinkenden in Einklang zu bringen. Sehr lange funktioniert das Trinken wunderbar. Sehr lange macht es einen glücklich, glaubt man, oder zumindest hilft es dabei, halbwegs unbeschädigt durch das Leben zu kommen.

Auch fällt es einem gar nicht auf, dass man im Laufe der Zeit einfach immer mehr trinkt. Irgendwann wird aus der halben Flasche eine ganze, dann möchte man sich aber doch mäßigen und trinkt eine Weile wieder nur eine halbe. Nur um schließlich auch die Flasche am Abend als selbstverständlich anzusehen. Man legt Trinkpausen ein, eine Woche hier, zwei Wochen da, manchmal auch sechs Wochen zur Fastenzeit. Man bringt sich dazu, nicht mehr jeden Tag zu trinken, sondern bloß vier Tage die Woche, nur um sich etwas später nicht mehr daran erinnern zu können, je eine solche Entscheidung getroffen zu haben. Man stellt fest, dass man keinen Rotwein mehr verträgt, und trinkt eine Zeitlang nur noch Bier oder Champagner. Man trinkt zwischen zwei Gläsern Wein ein Glas Wasser. Man trinkt nicht mehr zu Hause, sondern nur noch unterwegs, auch wenn das heißt, dass man einfach mehr unterwegs ist. Man trinkt unter der Woche gar nichts mehr. Man trinkt nicht mehr mit bestimmten Leuten oder ruft sie zumindest nicht mehr nach einer gewissen Uhrzeit an. Man gibt das Rauchen auf, weil dies doch das eigentliche Problem ist, und fängt wieder damit an. Man belegt einen Yogakurs, der einem für zwei Monate hilft und den man dann nicht mehr besucht. Man arbeitet zu viel, ist sich sicher, dass nun genau dies das Problem ist, und versucht, weniger zu arbeiten und pünktlich Feierabend zu machen. Man trennt sich von dem Partner, mit dem man nicht sehr glücklich war, nur um sich ein halbes Jahr später wieder in einer Beziehung zu befinden, von der man schon ahnt, dass sie sich bald genauso bedrückend anfühlen wird wie die alte. Man ist allein, glaubt, dass darin das Problem liegt, und fügt sich zögerlich und unzufrieden in das Schicksal seiner vermeintlichen Beziehungsunfähigkeit. Man isst zu viel oder zu wenig, nimmt viel zu und viel wieder ab, ohne dass es sich besser oder schlechter anfühlt. Man geht jede Woche dreimal zur Psychoanalyse, redet über seine Herkunft, über seine Gefühle der Hoffnungslosigkeit, und die Analyse hilft, wenigstens ein bisschen, aber insgeheim weiß man, dass man dieser Verbesserung nicht trauen kann, dass es da noch etwas gibt, etwas, das man sich nicht anschauen will.

All das ist ein schleichender Prozess, mit Tiefen in den schwierigen Phasen, die das Leben so hat, und Höhen, wenn es einem besser geht. Irgendwann werden die schwierigen Phasen allerdings immer länger und intensiver. Und der eigene Kopf ist ziemlich gut darin, nicht zu sehen, dass das etwas mit dem Alkohol zu tun hat. Die Rolle, die dieser im Leben spielt, hinterfragt man nur selten. Im Gegenteil: Je länger man trinkt, desto selbstverständlicher erscheint es auch, weiter zu trinken. Eines haben alle Phasen, alle Kontrollversuche gemeinsam: Man trinkt.

Auch als ich längst wieder in Berlin wohnte, meine Dachterrasse mit verschiedenen Hortensiensorten bepflanzte, ein Buch geschrieben hatte, bei einer Zeitschrift arbeitete und viel reiste, trank ich. Äußerlich hatte sich mein ganzes Leben verändert, nur der Alkohol war geblieben. Schlecht gekühltes Bier auf Ausstellungseröffnungen. Supermarktwein auf Lesungen. Moët Chandon auf Messeempfängen in Basel. Raki auf Biennalen in Istanbul. Bollinger im Park Hyatt in Peking. Tequila Shots in heruntergekommenen New Yorker Bars. Wodka Tonics beim Ausgehen an den Wochenenden in Berlin. Mehr oder weniger sorgfältig ausgesuchter Spät- oder Grauburgunder, je nach Jahreszeit, alleine zu Hause, nach der Arbeit.

Ich erinnere mich immer noch nicht gerne daran, was das für ein Leben war. An die permanente Gehetzt- und Gereiztheit, an die vielen Dramen, die stets Teil des Alltags zu sein schienen. Daran, wie viele Flüge und Züge ich verpasste oder beinahe verpasst hätte, wie oft ich mehr oder weniger verkatert meinen Tag begann. Wie oft ich die Geburtstage meiner Eltern, meiner Geschwister und meiner Freunde vergaß, wie viele Menschen ich grundlos vor den Kopf stieß, wie oft ich mir Geld von der Bank leihen musste, wie selbstverständlich ich die Hilfe von allen meinen Freunden in Anspruch nahm, wie oft ich neben wildfremden Typen in meinem Bett aufwachte. Es fällt mir schwer, mich wieder an all die Strategien zu erinnern, die ich mir zurechtlegte, um dieses Trinkerleben zu regeln: Mindestens sechs Stunden Schlaf, Aspirin vor dem Einschlafen, wenn viel zu viel getrunken, sich übergeben, weil dann weniger Alkohol im Blut. Trinkfreie Tage zur Erholung einbauen. Hochkonzentrierte Vitaminpräparate nehmen, damit die Folgen meiner langen Nächte nicht allzu sichtbar werden. Bei den meisten Leuten lügen, wenn das Gespräch aufs Trinken kommt. Bei einigen Witze darüber machen.

Wie Sie sehen, war mein Leben völlig vom Trinken bestimmt. Alles andere war zweitrangig, auch wenn ich das nie zugegeben hätte. Ich wäre niemals auf die Idee gekommen, ein Alkoholproblem zu haben. Wäre ich darauf angesprochen worden, hätte ich es vehement abgestritten. Dabei gab es durchaus dramatische Ereignisse in den fünfzehn Jahren, die ich getrunken habe. Ich habe eine Reihe von Filmrissen gehabt und Wochenenden, an denen ich komplett ausgeschaltet war. Ich habe mich oft peinlich benommen. Einige Nächte endeten mit Ereignissen, die ich unbedingt vergessen wollte. Doch dazwischen lagen immer wieder lange Phasen, in denen alles gut lief und in denen ich vergaß. Außerdem hatte ich stets Erklärungen parat: An jenem Abend hatte ich Drogen genommen. Jener Absturz war auf das eine oder andere Erlebnis zurückzuführen, auf eine Trennung, auf eine drastische Auseinandersetzung. Oder es war gerade einfach zu anstrengend im Büro. Und schließlich hatte ich, nach außen hin für alle klar ersichtlich, durchaus Erfolg. Ich hatte viele Freunde und kam in der Welt herum. Spätestens nach dem ersten Glas konnte ich mir immer erzählen, dass ich ein ziemlich gut funktionierendes Leben führte. Ein Leben, das sogar ein bisschen glamourös war. Und ein erstes Glas gab es immer, wenn es sein musste.

Die meisten meiner Freunde und Bekannten fanden es übertrieben, dass ich mit dem Trinken aufhörte. Selbst mein Hausarzt meinte nach einem Blick auf mich und meine Leberwerte, dass das nicht nötig sei. Man sah mir nicht unbedingt an, dass ich zu viel trank. Und an den Tagen, wo es doch offensichtlich war, schob ich es nicht nur vor mir, sondern auch vor den anderen auf den Stress. Ich habe immer viel gearbeitet, gerne am Abend und an den Wochenenden, und das Trinken war ein wesentlicher Bestandteil dieses Arbeitslebens: als von allen anerkannter Weg, sich zu entspannen, als Ausgleich für den einen oder anderen eher unbefriedigenden Arbeitstag. Und als Schleier des Vergessens über ein nachhaltiges Gefühl alltäglichen Unglücks.

Wenn ich mich heute an die Zeit des Trinkens zurückerinnere, kommt mir vor allem das wieder in den Sinn: dieses stille Unglück, diese ganz alltägliche Unterströmung der Depression, das oft nur schwer zu unterdrückende Gefühl, dass in meinem Leben grundsätzlich irgendetwas nicht stimmte. Und einfach nicht zu wissen, was das sein könnte.

Man kann viel erreichen, auch wenn man zu viel trinkt. Obwohl wir es alle besser wissen sollten, assoziieren wir Alkoholkranke immer noch mit dem klassischen Bild vom Straßentrinker oder vom Alkoholiker, der sich seit Jahrzehnten von Entzugsklinik zu Entzugsklinik, von Rückfall zu Rückfall hangelt, dem Alkoholiker also, der gerne in deutschen Talkshows sitzt. Beide machen jedoch nur einen geringen Prozentsatz der Trinkbevölkerung aus. Funktionierende Alkoholkranke gibt es überall – in Anwaltskanzleien und Redaktionen, in Lehrerzimmern und auf dem Bau, in Friseurläden, an Supermarktkassen, in Architekturbüros und im Bundestag. Sie ziehen Familien groß, sitzen beim Elternabend und im Kino neben Ihnen, machen wie Sie Wochenendausflüge, tanzen auf den Hochzeiten Ihrer Freunde. Die Wahrheit ist, dass man sogar erstaunlich viel erreichen kann, auch wenn man übermäßig trinkt. Man konstruiert sich wirksame Fassaden eines scheinbar produktiven Lebens. Fassaden, hinter denen man sich versteckt und die man wie ein Alibi vor sich herträgt. Dann beißt man die Zähne zusammen und kommt einfach irgendwie durch. Und wenn ein Anflug von Erleichterung in Sicht ist, greift man zu dem, was dem Gefühl, tatsächlich am Leben zu sein, am nächsten kommt – dem Glas.

Wenn man zu viel trinkt, ist man zudem gegen warnende Stimmen gewappnet. Man hat immer genug Probleme. Es gibt immer genug Anlässe, die das nächste Glas notwendig erscheinen lassen. Und man hat stets eine Argumentation parat, die beweist, dass man überhaupt kein Problem hat – wobei man meistens übersieht, dass man gar nicht so viel Argumentationsaufwand betreiben müsste, wenn man das Problem nicht hätte. Nicht jeder, der zu viel trinkt, ist automatisch abhängig, aber wenn er weiterhin zu viel trinkt, wird er es in jedem Fall werden. Beim einen geschieht das innerhalb von ein paar Jahren, beim anderen zieht sich dieser Prozess über Jahrzehnte hin. Alkoholismus ist wie eine Lotterie. Viele Menschen beginnen irgendwann von allein, ihr Trinken zu regulieren. Doch für viele von uns ist Alkohol ein beständiger Begleiter in unserem Leben, ein Begleiter, mit dem wir uns so lange nicht auseinandersetzen, bis wir es wirklich müssen. Manche Menschen entwickeln sich früh, manche im mittleren oder auch erst im hohen Alter zu Alkoholikern. Manche glauben, dass sie damit alt werden können. Manche bekommen psychische und emotionale Störungen und verstoßen nach und nach die Menschen aus ihrem Leben, die ihnen nahestehen. Manche erkranken an Krebs oder leiden an Leberschäden und Herz-Kreislauf-Störungen. Manche sterben daran. Manche nehmen sich irgendwann das Leben. Andere haben mehr Glück.

Wenn man noch trinkt und wenn man Angst hat, zu viel zu trinken, denkt man – vielleicht auch ohne es sich wirklich einzugestehen – viel darüber nach, wo die magische Grenze zwischen schlechter Gewohnheit und Krankheit verläuft. Doch bei welchem Glas oder zu welchem Zeitpunkt genau man diese unsichtbare Grenze überschreitet, ist so schwer zu beantworten wie die Frage, welche Erdbeere, welche Haselnuss oder welcher Pollen irgendwann eine Allergie auslöst.

Seit ich nicht mehr trinke, kenne ich viele Menschen, die ebenfalls nicht mehr trinken. Sie alle haben Geschichten, die trotz grundlegender Gemeinsamkeiten unterschiedlicher kaum sein könnten. Niemand kann wirklich sagen, wann die unsichtbare Linie überschritten ist, hinter der es kein Zurück mehr gibt, am allerwenigsten man selbst. Einige von meinen nüchtern lebenden Bekannten fingen schon im Alter von 14 Jahren an, regelmäßig zu trinken, und mussten mit Anfang zwanzig aufhören, nachdem sie mehrmals in der Psychiatrie oder im Gefängnis gelandet waren. Andere begannen erst später, tranken acht, neun Jahre lang und stellten mit Anfang dreißig, nach einem abgeschlossenen Studium und einem vielversprechenden Karrierestart fest, dass sie dabei waren, sich zu Tode zu trinken. Manche tranken jahrelang wie alle anderen Menschen und fingen erst nach traumatischen Erlebnissen – Todesfällen, Krankheiten oder Unfällen – langsam an, wie Alkoholiker zu trinken. Andere stellten früh fest, dass Alkohol etwas mit ihnen macht, über das sie keine Kontrolle hatten, und tranken sehr lange nichts, nur um in der Mitte ihres Lebens innerhalb von ein paar Jahren abhängig zu werden. Viele tranken jahrzehntelang ohne sichtbare Folgen, oft mit großem Spaß, und spürten keinen Anlass, daran etwas zu ändern, weil alle um sie herum es genauso zu tun schienen, und erkannten erst mit vierzig, fünfzig oder sechzig Jahren, dass sie in die Sackgasse der Abhängigkeit geraten waren. Eine Sackgasse, aus der sie trotz Anraten von Ärzten und Interventionen der Familie nicht mehr herauskamen. Während sie in die Abhängigkeit rutschten, war sich keiner von ihnen des Umstands bewusst, dass er oder sie dabei war, jenen Punkt zu überschreiten, ab dem es keine Möglichkeit zur Rückkehr zu einem normalen Trinken mehr geben würde.

Heute, nach ein paar Jahren der Nüchternheit, bin ich mir ziemlich sicher, dass ich diesen Punkt schon damals in Park Slope erreicht hatte. Damals, als ich für gewöhnlich nur eine halbe Flasche am Abend trank. Dass ich schon zu diesem Zeitpunkt, als mein Trinken noch normal aussah, die Schwelle zur Abhängigkeit überschritten hatte. Ich erinnere mich noch gut an die dortigen Gespräche mit zwei Freunden, die nicht mehr tranken. Ich fand es ungeheuer faszinierend, dass sie diese Entscheidung getroffen hatten, dass sie zu den Treffen von Selbsthilfegruppen gingen, dass sie therapeutische Hilfe in Anspruch nahmen. Und ich verstand schon damals intuitiv, warum sie das taten. Zugleich schwor ich mir, aufzupassen und alles dafür zu tun, dass ich weiter trinken konnte. Der Gedanke, ohne Alkohol zu leben, lag völlig jenseits meiner Vorstellungskraft, genauso wie der Umstand, dass das Schicksal meiner beiden Freunde auch mir bevorstehen würde.

Die meisten Alkoholiker leben, glaube ich, sehr lange solch ein Leben, wie ich es gelebt habe. Sie sehen nicht kaputt aus und müssen auch nicht morgens trinken. Sie leben nicht auf der Straße, sie haben Freunde und einen Job. Sie sind Menschen, die früher einmal tatsächlich Spaß hatten, wenn sie tranken. Sie sind Menschen, die in klaren Momenten realisieren, dass irgendetwas Unerfindliches in ihrem Leben aus dem Ruder läuft, und die gegen diese Erkenntnis antrinken. Die meisten Alkoholiker sind Menschen, die ein Leben leben, das sie sich ohne Alkohol einfach nicht mehr vorstellen können.

VERLUSTE IM INNEREN

Eine amerikanische Bekannte von mir saß einmal betrunken in einer Talkshow, sie hatte ein, zwei Monate durchgetrunken, es war eine anstrengende Zeit gewesen, privat wie beruflich, und nun saß sie in einem Fernsehstudio und wurde plötzlich von der Angst gepackt, es könnte jemandem auffallen, dass sie nicht zurechnungsfähig war. Die Maskenbildnerin hatte komisch auf sie reagiert, ihr Sitznachbar, ein Journalist, hatte wohl auch gemerkt, dass sie nach Wodka roch. Aber sie kam durch: Sie hatte in einer glücklichen Fügung den richtigen Pegel erwischt, verlor nicht die Kontrolle, lallte nicht, redete keinen Unsinn. Danach saß der Schreck so tief, dass sie ein paar Tage lang keinen Tropfen Alkohol anrührte. Sie wollte sogar komplett aufhören, wusste, dass sie es musste. Doch nach einer Woche hatte sie ihre Meinung geändert. Sie trank weiter.

Ein anderer Bekannter hatte in einem Jahre dauernden Prozess nach und nach seine Familie verloren. Erst hatte sich seine Frau von ihm scheiden lassen, inzwischen redeten auch seine erwachsenen Kinder nicht mehr mit ihm. Er wusste, es hatte damit zu tun, dass er zu viel trank. Wenn er verkatert war, wurde er oft cholerisch. Und er wusste auch, dass er nach jeder gängigen, im Internet zu findenden Definition ein Alkoholiker war. Er wusste nur nicht, was er mit diesem Wissen anfangen sollte. Er trank zwar jeden Abend, hatte ansonsten aber einen recht wichtigen Job, verpasste nur wenige Arbeitstage und riss sich so zusammen, dass er zumindest morgens nicht trinken musste. Selbst nachdem er eines Tages betrunken die Kontrolle über seinen Wagen verloren hatte und gegen einen

Baum gerast war, hörte er nicht mit dem Trinken auf. Er hatte sich fast jeden Knochen in seinem Körper gebrochen, aber der Umstand, dass er während seines sechs Monate langen Aufenthalts im Krankenhaus kein Glas angerührt hatte, diente ihm als Beweis dafür, dass er kein Problem mit Alkohol hatte. Er hörte erst sehr viel später auf zu trinken, ohne einen augenscheinlichen Grund und nachdem er es etliche Male vergeblich versucht hatte.

Ich frage mich oft, wann bei mir alles vorbei war. Wann genau der Zeitpunkt erreicht war, an dem es nicht mehr ging, an dem der innere Kern zerbrach. Ich frage mich das oft, weil ich mich selbst eigentlich nicht daran erinnere, jedenfalls nicht an diesen einen Moment zwischen Katastrophe und Epiphanie. Ich hatte einen solchen Moment der Rettung nicht. Rettungen kommen meiner Erfahrung nach nicht einfach so über einen, meistens muss man hart für sie arbeiten. Ich frage mich das auch deshalb oft, weil ich regelmäßig danach gefragt werde und das Gefühl habe, dass ich eine Geschichte brauche, eine schlüssige Erzählung, die jedem verständlich macht, warum ich nicht mehr trinke.

In der Öffentlichkeit gibt es die Vorstellung, dass man einen bestimmten Tiefpunkt durchgemacht haben muss, um mit dem Trinken aufhören zu können. Nach meiner Erfahrung und der vieler meiner nicht mehr trinkenden Freunde trifft das sogar zu. Nur verstehen die meisten Menschen nicht, dass es sich bei diesem Tiefpunkt in der Regel nicht um eine bestimmte Szene handelt, um einen besonders dramatischen Absturz, nach dem man es einfach nicht mehr aushält, um ein besonders peinliches Auftreten bei einem Fest, um einen Unfall oder um eine wie auch immer geartete, durch den Alkohol provozierte Tragödie. Aus der Außenperspektive ist für die meisten Menschen nur schwer nachzuvollziehen, dass sich der innere Tiefpunkt nicht bloß über Wochen, Monate und Jahre erstrecken kann, sondern dass er irgendwann einfach zu einer Realität wird, zum Leben selbst. Dass die Versuche, das eigene Leben irgendwie in den Griff zu bekommen, Teil dieser Lebensphase sind und dass die Verzweiflung, wenn sie zu einem alltäglichen Gefühl wird, sich nicht mehr wie Verzweiflung anfühlt, sondern lediglich wie ein Hintergrundrauschen. Wie das Hintergrundrauschen eines verfehlten Lebens, das wie eine einzige große Ausnahmesituation wirkt und eigentlich nur mit einem Glas Wein in der Hand zu ertragen ist. Verluste im Inneren lassen sich nur schwer auflisten, weil man selbst derjenige ist, der die Liste führen müsste. Weil man selbst derjenige ist, der sich verliert.

Ich kann folglich kein genaues Datum nennen, an dem etwas in meinem Inneren zerbrach. Ich weiß nur, dass ich mich irgendwann tatsächlich so fühlte, als hätte ich mich verloren. Hier die äußeren Umstände, die blanken Zahlen: Nach drei, vier Jahren, in denen ich mit längeren und kürzeren Unterbrechungen, mit Phasen der Selbstzerstörung und denen der Kontrolle mehr oder weniger eine Flasche Wein pro Abend getrunken hatte – nicht zu vergessen die gelegentlichen und später regelmäßigen Abstürze an den Wochenenden, an die ich mich manchmal nicht mehr erinnern konnte –, fühlte sich mein Leben nicht mehr wie mein Leben an. Ich wog 125 Kilogramm, 40 mehr als heute. Ich ging zwei- bis dreimal die Woche zur Psychoanalyse und schaffte es damit irgendwie, mein Unglück zu verwalten. Unter der Woche und wenn ich nicht auf Reisen war, trank ich alleine zu Hause – was ich normal fand, weil es das Einzige war, was mich entspannte. Ich passte auf. Wenn es anderthalb Flaschen wurden, schaffte ich es am nächsten Morgen nicht mehr so gut ins Büro. Freitags und samstags ging ich manchmal feiern, in Bars und Clubs, meistens mit den gleichen Leuten, unter denen jeweils ein, zwei waren, die mehr tranken und mehr Drogen nahmen als ich, was mir ein beruhigendes Gefühl gab. Dass meine Diagnose auch mir selbst relativ deutlich auf der Hand lag, änderte wenig: eine lang anhaltende depressive Verstimmung mit Angstzuständen, eine offensichtliche Unfähigkeit, mich gegen wahrgenommene und tatsächliche Angriffe zu schützen, ein emotional isoliertes Leben, das sich größtenteils in meinem Kopf abspielte.

Ich hatte in meiner Analyse schon einige Jahre über mein Trinken und die Angst, dass es außer Kontrolle geraten könnte, gesprochen. Ich wusste irgendwann ganz genau, dass ich mich festgefahren hatte, dass ich aus diesem Leben nicht mehr herauskommen würde, wenn ich weiter so viel trank. Also versuchte ich zunächst einmal, meinen Konsum zu reduzieren. Die Idee dahinter war, mir Zeit zu kaufen – Zeit, um darüber nachzudenken, was ich weiter mit meinem Leben machen könnte. Dieser Kontrollversuch dauerte sechs Monate, und sie gehörten zu den anstrengendsten Monaten, an die ich mich erinnern kann. Ich gestand mir zweimal die Woche vier Gläser Rotwein zu. Selbstdisziplin und Willensstärke waren nie ein Problem für mich, wenn ich wirklich etwas wollte. Und zweimal ein milder Rausch die Woche erschien mir wie ein guter Deal, wenn ich dafür weiterhin trinken und dabei ein zufriedeneres Leben führen konnte. Zugleich aber dachte ich oft ans Trinken – wenn ich ehrlich bin und auch wenn ich es damals selbstverständlich und voller Überzeugung geleugnet hätte, eigentlich die ganze Zeit. Ich überlegte, mit wem ich wann trinken würde, welcher Anlass lohnenswert wäre oder mit wem ich an bestimmten Abenden besser nicht trinken sollte, um meine wertvolle »Trinkzeit« nicht zu verschwenden.

Ich plante die ganze Woche auf jene beiden Abende hin, an denen ich mich würde entspannen können, verlegte Verabredungen, sagte Dinners und Lesungen zu oder ab und recherchierte neue Bars. So viel vergeudete Zeit. Damals dachte ich, dass ich dabei war, mein Alkoholproblem erfolgreich einzudämmen und eine gewisse Balance in meinem Leben herzustellen. Im Nachhinein erscheint mir diese Zeit wie ein halbes Jahr prononcierten alkoholkranken Wahnsinns. Denn was in diesen Monaten eben auch deutlich wurde, war, dass ich an manchen Abenden – ich konnte vorher nie sagen, an welchen – meine Vier-Glas-Regel einfach ignorierte und bis in die Morgenstunden feierte. Es waren Nächte, wie ich sie manchmal auch früher gehabt hatte, die sich nun aber häuften. Nächte, in denen von Kontrolle keine Rede mehr sein konnte, Nächte, an die ich mich am nächsten Morgen oft nicht mehr erinnern konnte oder nach denen meine Begleiter mir erschrocken berichteten, dass ich, was immer ich trank, wie Wasser trank und von dem, was ich nahm, nicht genug bekommen konnte. Irgendwann waren auch diese sechs Monate zu Ende, und ich trank mehr, unkontrollierter und heftiger als je zuvor.

Woran ich mich heute vor allem erinnere, wenn ich an die letzte Zeit meines Trinkens denke – und ich mache das nicht gerne, wehre mich auch in diesem Moment, in dem ich es aufschreibe –, ist das schon erwähnte beständige und intensive Gefühl des Unglücklichseins. Wenn die Bilder von damals vor meinem inneren Auge ablaufen, sind viele extreme Szenen darunter: Wie ich verzweifelt im Büro saß und wünschte, dass der Tag bald vorbeigehen würde. Wie ich mitten in der Nacht aufwachte – manchmal auch gerädert auf dem Sofa, weil ich beim Trinken eingeschlafen war – und wusste, dass es so gut wie aussichtslos war, mich wieder schlafen zu legen. Wie ich mit katerbedingten Magenschmerzen im Flugzeug saß und hoffte, mich nicht übergeben zu müssen. Wie ich nach Absturznächten panisch mein Handy danach durchsuchte, wen ich angerufen und wem ich eine SMS geschrieben hatte, um zu überlegen, ob und bei wem ich mich entschuldigen musste oder wen ich anrufen konnte, um herauszufinden, was passiert war. Wie ich morgens ein Glas Wasser trank, um herauszufinden, wie der Tag werden würde: Wenn ich es im Magen behalten konnte, war alles im grünen Bereich, wenn nicht, würde es anstrengend werden. Wie ich beschwipst zu einer spontanen Party bei ein paar meiner Trinkfreunde aufbrach, unterwegs die beiden Weinflaschen, die ich mitbringen wollte, auf dem Boden zerschellten und ich erst in dem Moment feststellte, dass ich nicht bloß angetrunken, sondern schon viel zu betrunken war, um unter Menschen zu gehen. Wie ich komplett zugekokst nicht mehr einschlafen konnte und, während die Sonne aufging, panische Angst vor dem nächsten und übernächsten Tag hatte, weil da wieder Suizidgedanken aufkommen würden. Wie ich eines Morgens in meiner Wohnung aufwachte und feststellte, dass ich mich in der Nacht zuvor verletzt hatte und nicht mehr wusste, wie. Wie ich mit höllischen Kopfschmerzen im langsam kalt werdenden Wasser in der Badewanne lag, zu nichts anderem mehr in der Lage und im vollen Bewusstsein, dass ich den Großteil dieses Tages genau an diesem Ort verbringen würde, erfüllt von dem intensiven Wunsch, mich zu verstecken, zu verschwinden.

Es ist schwer zu beschreiben, wie es sich anfühlt, innerlich tot zu sein. Wie es sich anfühlt, die Fassade aufrechtzuerhalten, mit Kollegen zu sprechen, Zeit mit Freunden zu verbringen, auf berufliche Veranstaltungen und zu privaten Festen zu gehen und genau zu wissen, dass man bei all dem, was einem früher Spaß gemacht hat, eigentlich gar nichts mehr empfindet. Wie es ist, wenn man sich dem Leben nicht mehr gewachsen fühlt und plötzlich im Hinterkopf eine Angst davor auftaucht, dass etwas wirklich Einschneidendes passiert. Wie es ist, wenn man genau weiß, dass man emotional völlig überfordert wäre, falls jemandem, der einem nahesteht, etwas zustoßen würde. Wie es ist, wenn man sich uneingestanden bewusst ist, dass man keine Beziehung führen kann, weil man keinen Zeugen für das haben möchte, was man da mit sich macht.

Abhängig zu sein bedeutet auch immer, nicht erwachsen sein zu können. Man geht durch seinen Alltag und versucht die Scham auf einem erträglichen Maß zu halten. Wenn es sein muss, geht man den beruflichen Verrichtungen und den notwendigen sozialen Verpflichtungen nach, setzt mal ein verständnisvolles Gesicht auf, entschuldigt sich, ist in Schüben verantwortungsbewusst oder auch mal für jemanden da. Doch ganz tief drinnen fühlt man keine Empathie. Manchmal wirft man sich die Verkleidung eines Erwachsenen über, aber die meiste Zeit macht man das, was man will. Und das, was man, wenn man ganz ehrlich zu sich ist, am meisten will, ist trinken. Eigentlich möchte man mit niemandem reden, der nicht auch trinkt, möchte nicht ins Kino, nicht ins Konzert, nicht ins Theater gehen, möchte keine Ausstellung sehen, kein Buch lesen, sondern nur noch trinken.

Wenn man so ein Leben lange genug führt, kommt es fast zwangsläufig zu einer massiven Isolation und zu jenen schwerwiegenden charakterlichen Regressionen, die Menschen an Trinkern verwundern. Fast zwangsläufig kommt es zu jenem nachhaltig veränderten Realitätsgefühl, das zwischen kruden Phantasien und Tagträumen, zwischen Grandiosität und Selbstmitleid, zwischen Allmachts- und Opferphantasien schwankt. Und irgendwann kommt es schließlich zu diesen erschütternden Momenten reiner Dunkelheit, reiner Pathologie, die wieder abzuschütteln enorme Kraft verlangt.

Aber so absurd es auch klingt: Dieses hysterische Leben im Konjunktiv, diese selbst induzierte Katatonie des Rausches, ist irgendwann alles, was man hat. Das Trinken, spürt man, mag zwar mitverantwortlich für den Schmerz sein, der den Alltag bestimmt, aber es ist auch das Einzige, was gegen diesen Schmerz hilft, gegen das Gefühl, alleine und ohne jede Hoffnung in der Welt zu sein. Wer regelmäßig zu viel Alkohol trinkt, versucht irgendwann vor allem den Giften in seinem Kopf zu entfliehen. Ohne sich dessen bewusst zu sein, trinkt man, um mit den Folgen des eigenen Trinkens umzugehen, um sich normal zu fühlen. Es ist eine zwanghafte, eine tödliche Energie, die einen an der Idee festhalten lässt, das Trinken könne helfen. Aber sie ist die einzige Form von Energie, die man noch hat. Und selbst die erlischt irgendwann. Ein Leben ohne Alkohol kann man sich nicht mehr vorstellen, aber ab einem bestimmten Zeitpunkt kann man sich auch ein Leben mit Alkohol nicht mehr vorstellen.

Während ich das hier aufschreibe, fühle ich großes Unbehagen, und ich frage mich, warum. Ein Teil von mir hat sicherlich immer noch Angst davor, verurteilt zu werden. Aber das wäre nur die halbe Wahrheit. Denn das Unbehagen entspringt auch dem Wissen, dass das, was ich eben beschrieben habe, nur ein Teil des Geschehens war, dem Wissen, dass sich mein Leben damals so angefühlt hat und gleichzeitig eben auch nicht. Auf der anderen Seite dieser emotionalen Realität stand ein Leben, das nach bestimmten Maßgaben gut funktionierte, das auch viele schöne, ja ekstatische Momente hatte. Die Fassaden, die man sich errichtet, sind mächtig. Sie gehören zu einem, man kann selbst gar nicht mehr sagen, wo sie aufhören und wo man selbst beginnt. Sie halten einen aufrecht.

Viele meiner nüchternen Freunde haben sehr viel dramatischere Abstürze erlebt als ich. Einige haben jahrelang so wie ich getrunken, andere weniger und kürzer. Jeder geht durch seinen eigenen Tiefpunkt, macht seine eigenen Erfahrungen mit dem inneren Tod, ganz gleich, wie viel oder wie wenig er trinkt. Manche haben ihre Familien verloren, ihre Jobs und ihre Wohnungen. Manche wurden gewalttätig, wenn sie tranken, haben andere Menschen verletzt oder sich selbst. Einige haben irreparable körperliche Schäden vom Trinken davongetragen. Andere führen jetzt ein Leben, das von Terminen bei Psychiatern, Richtern und Insolvenzverwaltern bestimmt ist. Ich habe unglaublich viel Glück gehabt.

In meinem Unbehagen kommt zudem sehr wahrscheinlich die Weigerung zum Ausdruck, diesen Aspekt meines Lebens noch einmal so direkt anzuschauen. Mir fällt es immer noch schwer, dieses alkoholkranke Unglück in die Geschichte meines Lebens zu integrieren, diese Lebensphase in das Reservoir meiner ureigenen Geschichten aufzunehmen. Das historisierende Selbst ist unzuverlässig. Wir alle wissen das. Es ist dazu da, um Widersprüche glattzubügeln und eine Geschichte zu kreieren, die Sinn ergibt, die nachvollziehbar ist. Es gibt keine sinnvolle Verbindung zwischen dem Menschen, der einen Großteil seiner Wochenenden unter Schmerzen im kalten Badewasser verbracht hat, und dem, der heute ein relativ sorgloses Leben führt, der mit seinen Freunden essen geht, dem seine Arbeit meistens Spaß macht und der fast jeden Abend unterwegs ist, der so viel Yoga gemacht hat, dass er manchmal sogar einen Handstand hinbekommt, der viel verreist, liest, ins Kino geht, in die Oper oder ins Theater. Die Vergangenheit meines alkoholkranken Unglücks passt nicht zu meinem jetzigen Leben. Und wie ungeheuer erleichtert, glücklich und dankbar ich auch bin, dass jene Zeit hinter mir liegt, so gibt es doch einen kleinen Teil in mir, der immer noch nicht zugeben will, dass das alles wirklich passiert ist. Einen kleinen Teil, der immer noch bagatellisieren möchte, wie grauenvoll sich dieses Leben angefühlt hat, wie schlimm es wirklich war.

Ein verletzendes und weit verbreitetes Vorurteil besagt, dass nur derjenige Alkohol missbraucht, der eine psychische Krankheit hat oder von traumatischen Kindheitserlebnissen geschädigt ist. Dass also nicht der Alkohol zur Abhängigkeit führt, sondern die ohnehin pathologischen psychischen Voraussetzungen mancher Menschen. Dieses Vorurteil ist nicht nur deshalb so kränkend, weil es eine gut kalkulierte Schamzuweisung darstellt, sondern auch, weil es eine Frage aufwirft, die man sich selbst unablässig stellt, wenn man nicht mehr trinkt: Ob man erst durch das Trinken in dieses Unglück, in diese psychologische Extremsituation geraten ist, oder ob man all diese psychischen Probleme schon vorher mit sich herumtrug. Nach all den Jahren der Selbsttäuschung ist man überhaupt nicht mehr imstande zu sagen, wer man war, bevor man trank.

Dass besagtes Vorurteil so populär ist, sollte nicht überraschen, schließlich wurde es jahrzehntelang in der medizinischen Literatur über die Alkoholkrankheit verbreitet. Noch bis in die achtziger Jahre hinein galt Abhängigkeit bei vielen Ärzten und Psychiatern als ein Symptom, nicht als Krankheit, als Symptom einer schon vorher existierenden Persönlichkeitsstörung, die sich in neurotischen Charakterzügen, verringerter Stressresistenz, emotionaler Unreife und Infantilismus äußerte. Erst neueren neurobiologischen Forschungen und den Ergebnissen einiger soziologischer Langzeitstudien ist es zu verdanken, dass sich diese Sichtweise allmählich geändert hat. Inzwischen gilt es als sicher, dass es so etwas wie eine »Abhängigkeitspersönlichkeit« nicht gibt.

Besonders die Ergebnisse der Langzeitstudien sind beeindruckend, wenn es um die psychologischen Ursachen und Folgen schweren Trinkens geht. 1938 begann an der Harvard University eine der längsten jemals durchgeführten soziologischen Untersuchungen, die sogenannte Grant-Studie. 268 damalige Studenten – die privilegiertesten amerikanischen Männer ihrer Generation, alle wohlhabend, alle weiß, alle mit einer blendenden Zukunft vor sich – sind seither in regelmäßigen Abständen besucht, interviewt und nach ihrer Gesundheit, ihren Beziehungen, ihren Arbeitsverhältnissen und ihrem allgemeinen Zufriedenheitsempfinden befragt worden. Bis heute führen Wissenschaftler diese Studie fort, sie scheuen keine Mittel und Wege, erfassen jedes Detail, jede Krankenhausakte, jedes juristische Dokument, sprechen mit Angehörigen und Kollegen der Teilnehmer. Das Ziel der Studie war und ist es, die Bedingungen zu erforschen, die ein glückliches Leben ermöglichen. Zusätzlich zur Grant-Studie starteten Harvard-Soziologen 1940 die Glueck-Studie. Deren Teilnehmer stammten aus benachteiligten, sozial schwachen Bezirken Bostons. Später hat man die beiden Studien zusammengeführt.

Unter anderem fanden die Wissenschaftler viel über die Folgen von Kindheitstraumata und verschieden ausgeprägten Eltern-Kind-Beziehungen für die späteren Beziehungen, das spätere Zufriedenheitsempfinden und die innere Resilienz heraus, also die innere Widerstandsfähigkeit gegen die Unbilden des Lebens. Wie George Vaillant, der seit den 1960er

Jahren für die Studie tätig ist und sie heute leitet, in seinem Buch *Triumphs of Experience* beschreibt, bestand die überraschendste Erkenntnis jedoch darin, wie extrem sich das jeweilige Trinkverhalten auf das Leben auswirkt, sei es in Form von Alkoholproblemen, Alkoholmissbrauch oder fortgeschrittener Abhängigkeit. Verstärkter Alkoholkonsum war unter fast allen befragten Teilnehmern der aussagekräftigste Indikator für Angstzustände, Depressionen, zerbrochene Beziehungen und Einsamkeit im Alter. 44 Prozent der Männer, die von Depressionen berichteten, waren alkoholkrank.

Die Grant-Studie begann in einer Zeit, als noch kaum jemand ernsthaft über Alkoholismus nachdachte, und lange bevor Alkoholismus als Krankheit galt. Die Ergebnisse kamen zustande, weil nach regulären Ess- und Trinkgewohnheiten gefragt wurde, nach sozialen Begegnungen und nach den zahlreichen, heute mit Abhängigkeit assoziierten körperlichen, psychologischen und sozialen Beschwerden.

Ein nicht unwesentlicher Nebeneffekt der Studie war eine Antwort auf eben die Frage, ob Abhängigkeit eine Krankheit oder nur ein Symptom sei. Die Daten der Langzeitstudie waren eindeutiger, als es sich jemals jemand hätte vorstellen können. Während sie noch studierten, unterschieden sich die zukünftigen Alkoholiker überhaupt nicht von den zukünftig normal trinkenden Männern. Die Alkohol missbrauchenden Teilnehmer der Studie – 58 Prozent unter ihnen verloren erst nach dem 45. Lebensjahr die Kontrolle über das Trinken – wiesen anfänglich nicht mehr Persönlichkeitsstörungen auf als diejenigen, die später sozial tranken. Es gab zwar einige Studienteilnehmer, die schon früh Probleme mit Bindungsfähigkeit, Angstzuständen, Aggressionen und dem Aufschub der Bedürfnisbefriedigung hatten. Diese Persönlichkeitsmerkmale waren jedoch kein signifikanter Indikator dafür, dass die betroffenen Jugendlichen später alkoholkrank wurden. Allerdings wurden sie bei fast allen Teilnehmern zur Regel, sobald sie anfingen, Alkohol zu missbrauchen. Die Grant-Studie konnte nur zwei Unterschiede zwischen zukünftigen Alkoholikern und den zukünftig normal Trinkenden nachweisen. Der eine bestand darin, dass viele der zukünftigen Alkoholiker sehr viel mehr Alkohol vertragen konnten. Der zweite nachweisbare Unterschied war, dass die zukünftigen Abhängigen öfter in einem sozialen Umfeld aufgewachsen waren, in dem Betrunkenheit unter Erwachsenen toleriert wurde.

Ein wesentliches Argument, Alkoholismus als eine Krankheit zu definieren, schreibt Georges Vaillant, sei, dass er wie andere chronische Krankheiten auch zum Tod führe. Von den 268 Männern der Grant-Studie sind noch ungefähr ein Viertel am Leben. Sie sind heute über neunzig Jahre alt. Kaum einer von ihnen hat in seinem Leben längere Zeit viel getrunken. Die Männer, die Alkohol missbrauchten, starben im Durchschnitt 17 Jahre früher. Gegen Ende, so Vaillant, wird Alkoholismus zu einer Krankheit mit klarer Ausprägung, zu einer Krankheit, die dem, der sie hat, nur noch eine Wahl lässt: Entweder man wird abstinent oder man stirbt.

Was den Tiefpunkt für den jeweiligen Trinker zum Tiefpunkt macht, ist genau diese Tatsache, glaube ich. Die Tatsache, dass man im Inneren plötzlich genau erkennt: dass man jetzt entweder weiter trinken und sterben kann oder nüchtern werden kann und leben. Über lange Zeit gewohnheitsmäßig zu viel zu trinken ist stets auch ein Ringen mit dem Wunsch zu sterben. Und unweigerlich kommt es irgendwann zu einem Moment der Entscheidung, wie mit diesem Wunsch umzugehen ist.

Der amerikanische Schriftsteller John Cheever brachte

diesen Umstand mit der ihm eigenen Lakonie zum Ausdruck. Er wurde erst nüchtern, als er 63 war. Das machte ihn nicht zu einem besseren Menschen und auch nicht zu einem besseren Schriftsteller, aber es sorgte dafür, dass er gegen Ende seines Lebens die glücklichsten Jahre verbrachte, an die er sich erinnern konnte. In seinem Nachlass findet sich ein Textfragment, in dem er versucht, seine Erfahrung des Nüchternwerdens zu beschreiben. »Viele Freunde«, heißt es dort, »erzählten mir, dass alles in ihrem Leben seine Ordnung hätte, dass ihre Kinder verheiratet seien, sie ihr Geld vernünftig angelegt hätten und dass sie sich nun in Ruhe zu Tode trinken könnten. Einer von ihnen erstickte beim Whisky-Trinken. Ein anderer sprang von einer Klippe. Noch ein anderer zündete sein Haus an und verbrannte sich selbst und seine Kinder. Einer von ihnen befindet sich immer noch in einer Zwangsjacke. Eine Zeitlang hielt ich diese Entwicklungen irgendwie für angebracht, sie wirkten so anmutig auf mich wie Blätter, die im Herbst von den Bäumen fallen. Ich dachte, sich zu Tode zu trinken sei alles andere als alarmierend, bis ich feststellte, dass ich mich selbst zu Tode trank.«

Angehörige, Freunde, Bekannte fragen sich oft, warum Alkoholiker trinken, warum sie weiter trinken, wenn sie dabei doch offensichtlich ihr Leben zerstören. Für sie sieht der innere Wahnsinn des Trinkers, sein banaler, alltäglicher, unsinniger Kampf, in der Regel wie eine landläufige narzisstische Persönlichkeitsstörung aus, wie ein durchaus zu behebender Mangel an Disziplin, wie eine mit etwas therapeutischer Behandlung wieder zu reparierende Charakterschwäche.

Aber Abhängigkeit ist eine heimtückische Krankheit. Sie unterläuft nicht nur jedes Vertrauen, zerstört Beziehungen und reißt Familien auseinander. Sie ist auch etwas, über das der Kranke keine Kontrolle hat, ganz egal, wie sehr er sich vormacht, dass genau das der Fall sei, ganz egal, ob er denkt, mit seinem Problem leben und die Verluste im Inneren noch ertragen zu können. Der Abhängige weiß nicht, dass er eine irreversible, chronische Gehirnkrankheit hat, eine Krankheit, die ihn glauben lässt, dass der sie verursachende Stoff auch gleichzeitig ihr Heilmittel ist. Das Trinken widersetzt sich jeder Logik, ihm lässt sich nicht mit Verstand beikommen. Das Wissen, dass man zu viel trinkt, ist völlig nutzlos. Man trinkt nicht weniger, weil man weiß, dass man ein Problem hat. Man hört auch nicht damit auf, indem man analysiert, warum man trinkt. Man hört damit auf, indem man aufhört.

Die Antwort auf die Frage nach dem Warum ist immer die gleiche: Es gibt keinen magischen, keinen psychologischen Grund für das Trinken. Es gibt kein Geheimnis, das es zu entschlüsseln gelte. Die Antwort lautet stets: Der Trinker trinkt, weil er abhängig ist.

ANLEITUNGEN ZUM SELBSTBETRUG

Ich bin alkoholabhängig. Was für ein Satz. Was für ein unangenehmer Beigeschmack. Es ist ein Satz, dem etwas Tabuisiertes anhaftet und der trotzdem irgendwie nach einem Klischee klingt, nach einem längst standardisierten Bestandteil einer in Talkshows, Doku-Soaps und Magazinbeiträgen zelebrierten Betroffenheitskultur. Es ist ein Satz, den man nie und nimmer aussprechen möchte im Leben, ein Satz, der mich auf eine Selbstdefinition festlegt, die nicht bloß wenig schmeichelhaft ist, sondern auch mit einer Reihe kultureller Stereotypen einhergeht, die nur wenig mit mir zu tun haben.

In *Die zitternde Frau*, ihrem Buch über die nervlichen Probleme, die sie in Form von Zitterkrämpfen, Synästhesien und schweren Migräneanfällen begleiten, schildert die amerikanische Schriftstellerin Siri Hustvedt das grundlegende Problem von psychiatrischen und neurologischen Krankheiten, von denen Abhängigkeit eine ist: Sie greifen den Ursprung dessen an, was wir uns als das eigene Selbst vorstellen. Sie lassen uns erkennen, dass unser Bewusstsein, auf dessen Grundlage wir unser Leben aufbauen, nicht zwangsläufig etwas ist, dessen wir uns sicher sein können. Sie stellen den Kern unseres Selbstverständnisses in Frage. Sie gehen mit einem massiven, scheinbar unaufhaltsamen Selbstverlust einher.

Wie um das zu unterstreichen, werden die Krankheit und das Selbst von uns schon sprachlich gleichgesetzt. Man *hat* keine Abhängigkeit, wie man etwa eine Grippe hat, Diabetes oder Krebs. Man *ist* abhängig. Dabei handelt es sich nicht um eine rein zufällige verbale Zuschreibung. Es ist tatsächlich so, dass der Satz »Ich bin alkoholabhängig« immer auch bedeutet, dass man seinem eigenen Kopf nicht mehr trauen kann. Es ist ein Satz, den man nicht wirklich verstehen kann, solange man der Stimme im Kopf glauben schenkt, die einem sagt, dass man ruhig weiter trinken kann. Für mich war es ein Satz, den ich erst sagen konnte, als ich nüchtern wurde.

Alkoholismus ist eine Volkskrankheit, so weit verbreitet wie Diabetes. Es gibt Menschen, die trinken können, und es gibt Menschen, die abhängig werden, wenn sie trinken. Nach der letzten Erhebung der Bundeszentrale für Gesundheit gehören in Deutschland ungefähr 27 Prozent der erwachsenen Bevölkerung zu den Menschen, die nicht in der Lage sind, ohne schwerwiegende gesundheitliche und psychische Folgen zu trinken. Diese 27 Prozent sind der Studie zufolge alkoholabhängig oder stehen an der Schwelle zum Alkoholismus. Die Zahl überrascht und dann auch wieder nicht. Wir alle kennen Menschen in unserem Umfeld, die weniger trinken sollten und bei denen es zumindest manchmal offensichtlich ist, dass sie nicht einfach nach ein paar Gläsern aufhören können, dass sie den durchschnittlichen Abend nicht durchleben, ohne sich eine Flasche Wein aufzumachen. Menschen, bei denen sich peinliche Zwischenfälle auf Festen und anderen Veranstaltungen häufen. Oft stehen uns diese Menschen nahe. Es sind Familienmitglieder, Partner, Freunde und Bekannte.

Zugleich klingt diese Zahl erstaunlich hoch. Zum einen, weil die meisten von uns sich selbst nie zu diesen 27 Prozent zählen würden und unserem Selbstverständnis nach die Schwelle zum Alkoholismus immer, wenn nicht in weiter, so doch zumindest in sicherer Entfernung liegt. Zum anderen, weil auch die meisten der uns nahestehenden Trinker sich und ihrer Umwelt niemals eingestehen würden, dass sie ein Problem mit Alkohol haben könnten. Sie sind Gewohnheits- oder Genusstrinker, sie trinken mal einen über den Durst. Wir alle haben ein bestimmtes Bild von Alkoholismus vor Augen, dem wir selbst und dem diese Menschen so gut wie nie entsprechen. Mir selbst ging das sehr lange so. Abhängigkeit ist eine Krankheit, die einem sagt, dass man sie nicht hat. Einem selbst und allen anderen.

Selbstbetrug ist eine geradezu kosmische Kraft. Wir verleugnen bestimmte Seiten an uns, die wir nicht mögen, verschließen die Augen vor Problemen, die uns unlösbar scheinen, erzählen uns Geschichten über uns selbst. Wenn man nur stark genug an etwas glaubt, schafft man es erstaunlich lange, dieses Selbstbild auch anderen zu vermitteln. Selbstbetrug schafft kleine dysfunktionale Welten. Als Trinker ist man da ein unbestrittener Experte. Man richtet sich seinen Alltag und sein Arbeitsleben so ein, dass das Trinken möglich ist und auch dann nicht auffällt, wenn es bedenkliche Ausprägungen annimmt. Man findet immer Freunde, Kollegen und Partner, die das eigene Trinken hinnehmen, womöglich ebenso viel trinken wie man selbst oder sogar noch mehr. Man sucht die Gesellschaft von Menschen, mit denen man eine Zeitlang richtig feiern kann. Und schlafwandlerisch manövriert man sich in dramatische Situationen, die scheinbar überzeugende Gründe zum Trinken liefern und den Schleier alkoholischen Vergessens geradezu notwendig machen.

Zu meinen schönsten, aber auch erschütterndsten Erfahrungen der vergangenen Jahre gehörte es, wie sich diese Selbsttäuschung Schicht um Schicht löste. Da waren meine Beziehungen, kurz und lang, aber allesamt zu Partnern mit psychischen Schwierigkeiten und mehr oder weniger offensichtlichen Suchtproblemen. Da waren Freunde, die ich nach meiner Entscheidung, nicht mehr zu trinken, irgendwann einfach nicht mehr oder nur noch sehr selten sah, und das keineswegs deshalb, weil ich sie nicht mehr sehen wollte, sondern weil das Trinken so sehr zu unserer Beziehung gehört hatte, dass diese ohne Alkohol schlichtweg nicht mehr vorstellbar war. Da war mein Beruf im Kunst- und Literaturbetrieb, beides soziale Zirkel, in denen schweres Trinken nicht besonders auffällt und mitunter sogar zum guten Ton gehört. War ich wirklich auf viele der Pressereisen gefahren, weil mich Oldtimer-Autorennen am Comer See oder jene nicht eben wichtige Kunstmesse in Istanbul interessierten, oder nicht doch primär deshalb, weil mich der Luxus und das schwere Trinken auf diesen Reisen anzog? Wie oft verlängerte oder verpasste ich Abgabetermine für meine Artikel, weil ich ein bisschen verkatert war? Wie oft sagte ich mir, dass es da und dort doch einen triftigen Anlass für einen ausschweifenden Abend gegeben habe und ich das Trinken auf eine unproblematische Weise in mein Leben integriert hätte? Während eine innere Stimme leise fragte, wie lange ich wohl noch so weitermachen könne.

Solche Strategien der Selbsttäuschung haben natürlich auch ihren Sinn. Das bekannte Diktum der amerikanischen Essayistin Joan Didion, wonach wir uns Geschichten erzählen, um zu leben, beschreibt eine grundlegende Wahrheit. Für uns alle, aber erst recht für die unter uns, die viel trinken. Wenn Trinkgewohnheiten sich verselbständigen, sind Verdrängung und Selbstbetrug der naheliegende Weg, mit der daraus resultierenden Hilflosigkeit umzugehen. Eine Zeitlang sind sie einfach der beste Mechanismus, um die konstanten Krisen zu überstehen, die Peinlichkeiten, die gebrochenen Versprechen, die sich verlierenden Hoffnungen, die nagenden Schuldgefühle, das schlechte Gewissen. Und eine Zeitlang sind sie auch der beste Weg, um Gesprächen darüber aus dem Weg zu gehen, einer Auseinandersetzung also, die von anderen angeregt oder eingefordert werden könnte. Die Strategien der Selbsttäuschung haben jedoch einen hohen Preis. Erst im Nachhinein wird man sich bewusst, dass sie nicht weniger als die eigene psychische Integrität kosten.

Wenn ich an die Zeit meines Trinkens zurückdenke, vor allem an die letzten Jahre, erschreckt mich der extreme Selbstverlust, den ich damals erlebte, am meisten. Dieses Gefühl der Dissoziation, der Aufspaltung in zwei miteinander koexistierende Personen, die trinkende und die nichttrinkende. Es gab immer zwei Realitäten: hier die Zustände der Verzweiflung und Depression und dort ein Leben in völliger Normalität. Beide Aspekte waren Wirklichkeit, beide Ichs liefen damals durch die Welt, pendelten zwischen Park Slope und Manhattan und später zwischen meiner Wohnung in Berlin-Neukölln und dem Büro in Berlin-Mitte, trennten sich von meinem Lebensgefährten, sprachen mit meinen Freunden und meiner Familie, schrieben Texte unter meinem Namen, zogen um, gingen einkaufen, arbeiteten, träumten. Der wichtigste Unterschied zwischen beiden Personen bestand darin, dass die eine, die nichttrinkende, ahnte, dass es mit dem Trinken ein riesiges Problem gibt, während die andere mit großer Selbstverständlichkeit und noch größerer Macht davor die Augen verschloss.

Jede Halbwahrheit, jede Lüge, die man sich selbst und anderen erzählt, geht auf Kosten der inneren Substanz, so lange, bis man irgendwann gar nicht mehr richtig weiß, wer man ist. Jede Auseinandersetzung, die der nichttrinkende Teil in mir verlor, jeder Verdrängungsversuch, den er mittrug, jede halbwahre Geschichte, die ich mir selbst glaubte, brachten nach und nach meine inneren Grundfesten ins Wanken. Alkoholismus ist immer auch eine Krankheit des Selbstbesitzes.

Was die eigene Selbsttäuschung über alle Maßen erleichtert, ist der Umstand, dass man dabei in der Regel recht solide Unterstützung erfährt. Man ist niemals alleine, wenn man sich anlügt. Alkoholprobleme werden auch auf einer kollektiven Ebene großflächig verleugnet, und in Deutschland tatsächlich noch mehr als anderswo. Sucht ist eine anthropologische Konstante und die Forschungen der vergangenen Jahre legen nahe, dass sich in jedem Land und zu jeder Zeit ausgeprägte Suchtphänomene beobachten lassen. Damit verbunden sind jeweils bestimmte Arten und Weisen, wie man über Abhängigkeit spricht oder nicht spricht.

Die Unterschiede sind selbst bei uns im »Westen« enorm. In den Vereinigten Staaten etwa, dem Geburtsland der Anonymen Alkoholiker, wo auch fast ein Jahrhundert nach der Prohibition öffentliche Trunkenheit offiziell unter Strafe steht, spätestens um vier Uhr nachts die Bars geschlossen werden und man nur in bestimmten, dafür lizenzierten Geschäften Alkohol kaufen kann, gilt Alkoholismus bei weitem als kein solches Tabuthema wie in Deutschland. Im Gegenteil, gefördert durch Figuren wie der Talkshow-Grande-Dame Oprah Winfrey, dem Rapper Eminem oder dem britischen Komiker Russell Brand, hat sich in den vergangenen Jahrzehnten auch auf öffentlicher Ebene eine Gesprächskultur über die möglichen Folgen des Trinkens etabliert, in der man eine große Offenheit an den Tag legt. Reality-TV-Formate, in denen Familien und Freunde Interventionen bei suchtgefährdeten Angehörigen durchführen oder bekannte Persönlichkeiten sich gemeinsam in eine Entzugsklinik begeben, führen nicht nur in Nischensendern ein Dasein. Aus Fernsehserien wie

Mom, *Girls*, *The Crazy Ones*, *House of Cards*, *Nurse Jackie*, *Orange Is the New Black* oder *Californication* sind Suchtkranke, Kliniken und AA-Meetings inzwischen ebenso wenig wegzudenken wie aus dem realen Leben. Die amerikanische Popularisierung der Diskurse über Sucht hat sicherlich auch negative Aspekte, einen manchmal schwer erträglichen Betroffenheitskult zum Beispiel. Doch die damit einhergehende Entstigmatisierung erleichtert den Umgang mit Abhängigkeit enorm.

In Deutschland ist eine solche Handhabung der Krankheit noch völlig unvorstellbar, und das nicht nur, weil es an Figuren wie Oprah Winfrey fehlt. Das Reden über Abhängigkeit wird bei uns schon sprachlich so stigmatisiert, dass es jede Möglichkeit zur Identifikation ausschließt – niemand möchte ein »Alkoholiker«, »suchtkrank« oder »trocken« sein, möchte »saufen« oder »Suchtdruck« haben, »Rauschtaten« begehen, »weiße Mäuse« sehen oder sich in »Teufelskreisen« befinden. Auch Selbsthilfegruppen wie die Anonymen Alkoholiker, die Guttempler oder das Blaue Kreuz haben bei uns immer noch ein weitgehend schambesetztes Image. Ich habe oft den Eindruck, dass man bei uns zwar gerne über das Trinken spricht, aber eben nicht über die Folgen, die es für einige von uns hat, dass Selbstbetrug bei uns auch auf einer kollektiven Ebene ausgeprägter stattfindet als anderswo.

Wenn man nicht mehr trinkt, nervt dieser gemeinschaftliche Selbstbetrug gewaltig. Zurzeit schreibe ich eine monatliche Kolumne für die Tageszeitung *die taz*, in der es um meine Nüchternheit geht und darum, welche Rolle Alkohol bei uns in Deutschland spielt. Ich bin der *taz* sehr dankbar, dass sie dem Thema Platz einräumt. Die Kolumne hat eine überraschend große Resonanz erfahren. Erstaunlicherweise scheint sie die Leserschaft zu polarisieren. Es gab viele rührende Leserbriefe und ebenso viele wütende Kommentare. Die erste, ganzseitige Ausgabe der Kolumne erschien auf einer Zeitungsseite, in deren rechter unteren Ecke eine Anzeige für die hauseigene Prosecco-Marke der *taz* stand. Natürlich war das nicht beabsichtigt, aber es unterstrich fast schon konzeptkunstmäßig, wie tief verankert unsere kollektive Selbsttäuschung ist. Und online wird die Kolumne, trotz einiger Proteste von mir und ein paar Redakteuren, vor allem mit Alkoholismus- und Sauf-Fotos aus den einschlägigen Presseagenturen bebildert. Die Fotos zeigen halbleere Wodkaflaschen, grell ausgeleuchtete Bars und traurige Szenen der Zerstörung. Sie werden von allen Zeitungen und Zeitschriften verwendet, sofern es in Texten um Alkoholkrankheit geht. Es gibt nur eine Handvoll Motive. Dabei kommt es meistens zu einer geradezu absurden Text-Bild-Schere: Artikel über ein nüchternes Leben werden mit Schnaps im Überfluss illustriert, Kolumnen über Achtsamkeit und Selbstsorge mit Fotos von Sauforgien. Abhängige, sagen diese Bilder, saufen sich zu Tode. Es gibt in Deutschland buchstäblich kein Bild von Nüchternheit.

Doch das war nur die Spitze des Eisbergs. Nachdem ich begonnen hatte, diese Kolumne zu verfassen, bekam ich regelmäßig auch berufliche Anfragen, die mich völlig vor den Kopf stießen. Zum Beispiel, ob ich nicht eine Reportage über das Oktoberfest schreiben wolle – freilich mit dem journalistischen Clou, dass ich dafür die »Perspektive« wechseln und selbst mittrinken sollte. Als ob ich mit meiner Abstinenz eine irgendwie exotische Lifestyle-Entscheidung getroffen hätte. Auf diese Art von Ignoranz stößt man überall. Ein anderes Beispiel ist meine Erfahrung mit Amazon. Seitdem ich dort Bücher zum Thema Alkoholismus bestelle, liegen den Lieferungen sehr großzügige Wein-Gutscheine bei. 50 Euro könnte ich immer wieder bei irgendwelchen Chianti-Paketen sparen.

Natürlich sind das nur anekdotische Beispiele, die erst einmal nichts weiter als die Ignoranz einer bestimmten Personengruppe oder – im Falle von Amazon – das missglückte Programmieren eines Algorithmus zeigen. Trotzdem sagen sie etwas darüber aus, wie stark das Trinken zu unserem Alltag gehört und wie schwer uns der Umgang mit seinen Folgen fällt.

Wir leben in einem Land, in dem schon immer getrunken, Wein angebaut und Bier gebraut wurde. Wir leben in einem Land, dessen Bundeskanzlerin in einem Fernsehinterview, in dem es um die mögliche Legalisierung von Marihuana geht, erklärt, dass Alkohol lediglich ein Genussmittel und keine Droge sei und dass man davon in Deutschland ja nur »zum Abendessen ein Glas« trinke. Wir leben in einem Land, in dem wir von unseren Politikern selbstverständlich erwarten, dass sie trinken, um uns so ein Gefühl von Augenhöhe zu vermitteln, in dem wir es lustig finden, wenn jemand wie Joschka Fischer den Bundestag als eine »ganz ordinär nach Schnaps stinkende Alkoholikerversammlung« bezeichnet. Wir leben in einem Land, in dem einer der bekanntesten Journalisten, nachdem er betrunken am Steuer erwischt wurde, ein gut besprochenes Buch mit dem Titel *Über das Trinken* schreiben kann, worin er allen Ernstes behauptet, kulturelle Kräfte am Werk zu sehen, die den Alkohol verbieten wollen, und en passant erklärt, dass »Betrunkenen generell viel zu wenig Verständnis entgegengebracht« werde. Und darüber hinaus den völlig ernst gemeinten Ratschlag erteilt, dass zehn Gläser Wein am Abend, bei dem einen oder anderen alkoholfreien Tag in der Woche und wenn man zwischendurch genug Wasser trinke, völlig unbedenklich seien. Wir leben in einem Land, in dem Alkohol ungleich günstiger als andere »Genussmittel« besteuert wird. In einem Land, in dem Kino-, Fernseh- und Plakatwerbeaktionen vor dem steigenden Alkoholkonsum unter Jugendlichen warnen, ohne dass wir jemals hinterfragen würden, wie diese Jugendlichen eigentlich auf die Idee kommen, so viel zu trinken.

Wenn man trinkt, kann man sich folglich einer ganzen Palette von Vorurteilen und Verleugnungsstrategien bedienen, die in großer Regelmäßigkeit propagiert werden – in Zeitungs- und Magazinartikeln, in Talkshows, im Alltag. Dass es sich um reinen Tugendterror, um eine spezielle Form des Gesundheitsfanatismus handele, hört man etwa oft, wenn vor den Folgen verstärkten Alkoholkonsums gewarnt wird. Viele Menschen glauben bei jedem Hinweis auf unseren gesellschaftlichen Umgang mit Alkohol eine zwanghafte Tyrannei des Verklemmten und Biederen aufkommen zu sehen, eine genussfeindliche Ideologie der Selbstoptimierung, eine Welt, in der man den Menschen nach ihren Zigaretten nun auch noch den Alkohol wegnehmen wolle, damit das Hamsterrad aus Arbeit und Konsum noch reibungsloser funktioniere. Dabei sieht es in der Realität keineswegs so aus, als würde das Trinken gesellschaftlich in Verruf geraten. Im Gegenteil, das Angstbild einer genussfeindlichen Kultur steht letztlich einer höchst trinkfreudigen Gesellschaft gegenüber. Sollten Sie daran zweifeln, müssen Sie das nächste Jahr noch nicht einmal auf das Oktoberfest fahren. Versuchen Sie doch einfach nur, beim nächsten Büro- oder Geburtstagsfest mal nichts zu trinken.

Ein weiteres Vorurteil, das es schwierig macht, in Deutschland über Alkoholismus zu sprechen, ist die abstruse Annahme, dass es sich dabei um das Problem einer sozial schwachen Schicht handele, um ein reines Randgruppenphänomen. Doch auch dieses Vorurteil hat mit der Wirklichkeit nichts zu tun. Statistisch gesehen zeichnet sich für Männer zwischen 30 und 64 Jahren ein Zusammenhang zwischen hohem Bildungsstand und riskantem Alkoholkonsum ab. Bei Frauen zeigt sich dieser Zusammenhang in allen Altersgruppen ab 30 Jahren. Die meisten Trinker halten an einer Praxis des bürgerlichen Trinkens fest, die alles sein darf: Wein-, Winzer- und Terroirkennertum, kumpelhafte Wochenendabstürze oder kollegiales Feierabendtrinken – alles, nur kein Alkoholismus. Je klüger man ist, desto überzeugender sind die Geschichten, die man sich selbst, seiner Familie und seinen Freunden erzählt, um weitertrinken zu können.

Eine der nachhaltigsten Strategien des Selbstbetrugs, auf die ich regelmäßig stoße, ist das Festhalten an einem Mythos vom Unterschied zwischen Alkoholsucht und der weniger stark ins Gewicht fallenden Abhängigkeit. Ich habe diesem Mythos selbst lange genug angehangen. Das *ZEITmagazin* hat sogar eine eigene, sehr schön geschriebene Kolumne, Elisabeth Raethers »Die trinkende Frau«, die sich vor allem um diese Unterscheidung dreht und darum, das gewohnheitsmäßige und durchaus als Abhängigkeit definierte Trinken vor Versuchen zu schützen, es zu pathologisieren. Dass man nicht immer gleich von einem Suchtproblem sprechen solle, wenn man etwas sehr, sehr gerne mag, ist da etwa zu lesen. Dass jeder von uns die eine oder andere Abhängigkeit habe, die unser nicht eben einfaches Leben erträglicher mache, und dass man deswegen nicht allzu nervös werden solle, denn unsere Großeltern hätten es schließlich auch schon so gehalten.

Es gibt viele Möglichkeiten, Abhängigkeit zu intellektualisieren und zu ästhetisieren. Meistens versucht man damit aber, einer unbequemen Wahrheit aus dem Weg zu gehen. Als ich noch zwischen einer akzeptablen »Abhängigkeit« und einer nicht akzeptablen »Sucht« unterschied, versuchte ich nichts weiter, als die eigentliche erschütternde Bedeutung dessen, was mir damals passierte, auf Abstand zu halten. Es wäre zu unerträglich gewesen, die »Abhängigkeit« als das zu sehen, was sie ist. Ich habe lange Zeit Witze über mein Trinken gemacht, habe lange die oft auch phantastischen Nächte des Rausches romantisiert, habe lange aus einzelnen Abstürzen amüsante Heldengeschichten gemacht.

Medizinisch gesehen gehen die Begriffe Alkoholmissbrauch, Abhängigkeit und Sucht fließend ineinander über, es ist kaum möglich, sinnvoll zwischen ihnen zu unterscheiden. Alkoholismus hat eine chamäleonhafte Qualität und ist sowohl von außen als auch von einem selbst nur schwer zu erkennen. Im Gegensatz zu anderen Süchten, sagen wir Zigaretten- oder Heroinkonsum, trinkt man immer »asymptomatisch«. Das heißt, man trinkt mal mehr und mal weniger, mal eine Zeitlang nichts oder kontrolliert, dann wieder viel zu viel. Im Unterschied zu anderen chronischen Krankheiten lässt sich Alkoholismus lange Zeit nicht klar diagnostizieren. Auch wenn das eigene Trinken »außer Kontrolle« geraten ist und eine Reihe von Problemen verursacht hat, kann man es viele Jahre weiter betreiben, ohne dass man körperlich zusammenbricht. Auch deshalb kann man sich selbst sehr lange vormachen, dass man eigentlich gar kein Problem hat.

Tatsächlich ist es so, dass einen das eigene abhängige Trinken nicht allzu nervös macht, wenn man sich damit einrichtet – bis es einen eben doch nervös macht. Bis man merkt, dass man wie jeder andere durchschnittliche Alkoholkranke auch eine Spur der Zerstörung in seiner Familie, an seinem Arbeitsplatz und in seinem Freundeskreis hinterlassen hat. Bis man sich immer wieder vornimmt, diesen Abend mal nichts zu trinken und am nächsten Morgen trotzdem verkatert und mit Gedächtnislücken aufwacht. Bis man feststellt, dass man ein Leben führt, das man nicht mehr führen möchte und das man trotzdem nicht mehr ändern kann. Und dass darunter gerade die Menschen am meisten leiden, die einem am wichtigsten sind.

Deutschland gehört mit einem jährlichen Pro-Kopf-Konsum von 12,1 Liter reinem Alkohol zu den Ländern, in denen deutlich mehr als anderswo getrunken wird. Der weltweite Durchschnitt liegt bei sechs Litern. Bei uns sterben mehr Menschen an durch Alkoholmissbrauch verursachten Leberzirrhosen als bei Verkehrsunfällen. Im Schnitt trinkt jeder Deutsche im Jahr mehr als eine Badewanne voll Wein, Bier und Spirituosen. Das war nicht immer so. Zwar wurde bei uns seit jeher Alkohol getrunken, aber die Menge war dabei stets historischen Fluktuationen unterworfen. Tatsache ist, dass wir heute ungleich mehr trinken als etwa in den Jahren unmittelbar nach dem Zweiten Weltkrieg. Diese Zunahme hat schlichtweg mit unserem wachsenden Wohlstand zu tun. Oft ist zu lesen, dass unser Alkohol- und vor allem unser Bierkonsum in den vergangenen Jahren leicht rückgängig sei, was stimmt, allerdings ist dieser Rückgang bei genauerer Betrachtung minimal. Insgesamt hat sich unser Pro-Kopf-Verbrauch nach dem Zweiten Weltkrieg fast vervierfacht, ein Anstieg, der, obwohl von der Deutschen Hauptstelle für Suchtfragen statistisch geprüft, regelmäßig in Zweifel gezogen wird. Der oder die durchschnittliche Deutsche nimmt heute pro Jahr 7,5 Liter reinen Alkohols mehr zu sich als 1950. Er oder sie trinkt 91 Liter mehr Bier als sein Großvater oder ihre Großmutter, 13 Liter mehr Wein, 5 Liter mehr Sekt und 3,4 Liter mehr harte Spirituosen. Das sind erstaunliche Zahlen. Keine statistischen Unfeinheiten können diese massive Zunahme erklären. Keine nostalgischen Erinnerungen an alkoholgetränkte sechziger und siebziger Jahre können sie entkräften. Die simple Wahrheit ist, dass wir sehr viel mehr trinken als früher.

Die Menge an Alkohol, die jemand bedenkenlos konsumieren kann, variiert je nach Geschlecht und Körpergewicht, aber sie ist in jedem Fall sehr viel kleiner, als Sie denken: Der World Cancer Research Fund empfiehlt, den täglichen Alkoholkonsum bei Frauen auf ein halbes und bei Männern auf ein ganzes Glas Wein zu beschränken oder entsprechend auf eine bzw. zwei kleine Flaschen Bier. Ein Bekannter erzählt mir jedes Mal, wenn ich ihn sehe und ohne dass ich das Gespräch darauf bringen müsste, dass er kein Alkoholproblem habe, da er abends nie mehr als eine halbe Flasche Wein trinke. Das Robert-Koch-Institut stuft den Konsum von 0,375 Liter Wein, also von jener halben Flasche, schon als Rauschtrinken ein. Wie unwahrscheinlich das auch klingt.

Natürlich muss jeder für sich entscheiden, wie viel Alkohol sein Leben verträgt. Viele Menschen trinken mehr als jenes abendliche Glas und es geht ihnen gut. Aber auch im besten aller Fälle gehen sie ein erheblich erhöhtes Gesundheitsrisiko ein. Wenn wir von den körperlichen Folgen der Alkoholkrankheit hören, ist fast immer nur von den Erkrankungen der Leber und der Bauchspeicheldrüse die Rede, von den dramatischen Nervenschädigungen der Polyneuropathie, dem noch dramatischeren irreversiblen Wernicke-Korsakow-Syndrom des Gehirns oder davon, dass Alkoholkranke zwanzig Jahre früher sterben. Doch das sind letztlich die Folgen jahrzehntelangen Alkoholmissbrauchs und unbehandelter Abhängigkeit.

Etliche Studien der vergangenen Jahre zeigen, dass man auch schon bei maßvollem Konsum gesundheitliche Schäden erleidet. Apfel- und Bernsteinsäuren in den Getränken greifen Schleimhäute in Mundhöhle, Speiseröhre und Magen an und sorgen für Geschwüre im Zwölffingerdarm. Das Risiko, an Tumoren in Mund, Rachen oder Speiseröhre zu erkranken, steigt schon beim gewohnheitsmäßigen Trinken von geringen Mengen Alkohol. Die Anfälligkeit für Darm- und Leberkrebs nimmt deutlich zu, und bei Frauen erhöht schon ein einziges Glas Wein am Tag die Wahrscheinlichkeit, an Brustkrebs zu erkranken, um sieben Prozent. Bei jahrelangem gewohnheitsmäßigem Konsum kommt es zudem fast immer zu Erkrankungen des Herz-Kreislauf-Systems.

Nahezu jeder ehemalige Trinker, den ich kenne, litt zudem unter neurologischen oder psychischen Störungen, die manchmal schon nach wenigen Monaten Nüchternheit verschwanden. Mittel- und langfristig hinterlässt Alkohol überall im Körper Spuren, vor allem aber im Gehirn. Das Frontalhirn, in dem unsere Persönlichkeitsmerkmale verortet sind, ist dabei besonders anfällig für alkoholbedingte Schäden. Die Konzentrations- und Erinnerungsfähigkeit sowie das Kurzzeitgedächtnis lassen relativ schnell nach, wenn man viel trinkt, mit ihnen die intellektuellen Fähigkeiten. Demenz und Psychosen, Wahngedanken und Sinnestäuschungen können bei fortgeschrittenem Missbrauch folgen. Sitzt man in einer Selbsthilfegruppe mit Menschen, die ebenfalls nicht mehr trinken, überrascht es zudem, wie viele von ihnen schon einmal versucht haben, sich das Leben zu nehmen. Für denjenigen, der regelmäßig viel trinkt, besteht statistisch eine um 50 Prozent höhere Wahrscheinlichkeit, Selbstmord zu begehen.

Die deutsche Lebensrealität ist harsch, wenn es um das Trinken geht. Sie ist harscher als in den meisten anderen Ländern der Welt. Wir lügen uns stärker an als anderswo und verschließen die Augen vor einem massiven gesellschaftlichen Problem. Den 10 Millionen Euro, die in Deutschland jährlich für Aufklärungskampagnen über die Folgen der Alkoholabhängigkeit ausgegeben werden, stehen 526 Millionen Euro gegenüber, die Alkoholhersteller in Werbung investieren. Im Jahr 2011 wurden mehr als 116 000 Menschen mit einer akuten Alkoholvergiftung in ein Krankenhaus eingeliefert, darunter 26 000 Jugendliche. Alkohol trägt hierzulande stärker zu einer Verkürzung der durchschnittlichen Lebenszeit bei als der Tabakkonsum. Jährlich kommen bei uns 10 000 Säuglinge mit Alkoholschäden zur Welt. Bei 4000 von ihnen ist das fetale Alkoholsyndrom voll ausgeprägt. Das ist die größte Diagnosegruppe von Neugeborenen mit einer angeborenen körperlichen und geistigen Schwerbehinderung. Es wird geschätzt, dass 2,5 Millionen Kinder bei Eltern aufwachsen, die ein Problem mit Alkohol haben. Ihr Risiko, später psychisch zu erkranken, ist fünf bis acht Mal höher als bei anderen Kindern. Unsere kollektiven Anleitungen zum Selbstbetrug haben ganz konkrete, oft tödliche Auswirkungen. Jährlich sterben bei uns 74 000 Menschen an den körperlichen Folgen extremen Alkoholmissbrauchs. Nur 10 Prozent der deutschen Alkoholiker suchen jemals medizinische, psychiatrische oder anderweitige Suchtbehandlungen auf. Vielleicht kennen Sie schon einige dieser Zahlen und vielleicht halten Sie sie für übertrieben. Zumindest ging mir das früher so.

HELFEN UND HELFEN LASSEN

Trotz verschiedener Psychopharmaka, trotz verschiedener Kurz- oder Langzeittherapien, trotz einer Reihe von Programmen in allen möglichen Kliniken gibt es kein hundertprozentig wirksames Mittel gegen die Abhängigkeit. Der einzige wirklich sichere Weg, mit ihr umzugehen: Hier ist ein Glas Rotwein, ein Glas Bier oder ein Glas Wodka, wie Sie es immer und überall finden. Trinken Sie es nicht! Die einfachste Sache der Welt. Und die schwierigste.

Ich frage mich oft, was passiert wäre, wenn ich früher mit dem Trinken aufgehört hätte. Hätte ich heute weniger graue Haare? Hätte ich öfter Sonnenschutz getragen und jetzt weniger Fältchen um die Augen und Leberflecke auf den Armen? Wäre mein Freundeskreis größer, meine Familie ein wenig glücklicher? Würde ich mehr Geld verdienen? Hätte ich schon mehr psychologische Konflikte aufgearbeitet und weniger dunkle Phasen als heute? Würde ich eine Beziehung führen? Ich weiß es nicht, und es ist natürlich auch müßig, sich solche Fragen zu stellen. Trotzdem tue ich es.

Warum habe ich nicht eher aufgehört? Mein Leben einen Monat vor dem Schritt in die Nüchternheit unterschied sich kaum von meinem Leben zwei Jahre zuvor. Ich traf dieselben Leute, ging ins selbe Büro, in dieselben Bars und Clubs, schaute zu Hause dieselben Fernsehserien, redete und dachte dieselben Sachen, beklagte dieselben Probleme, tat mir auf dieselbe Art leid oder fühlte mich auf dieselbe Weise zu gut oder zu klug oder zu kompliziert für diese Welt.

Was ich aber auch hatte, waren von Zeit zu Zeit Eingebungen, dass mein Unglücklichsein sehr viel mehr mit meiner großen Liebe, dem Alkohol, zu tun hatte, als ich mir eingestehen wollte. Alle paar Wochen, nachdem ich wieder mal einen Filmriss gehabt hatte oder besonders peinlich abgestürzt war, wusste ich plötzlich, dass mir irgendwann nur übrig bleiben würde, den Alkohol ganz aufzugeben. Diese Momente der Klarheit hielten maximal einen schuldbewussten Tag lang an, manchmal führten sie zu einer kürzeren oder längeren Trinkpause, aber sie mündeten nie in ein tatsächliches Vorhaben, von nun an nüchtern zu leben. Die meiste Zeit waren sie völlig nutzlos. Bis auf den letzten.

Mein letzter Moment der Klarheit führte mich in eine Selbsthilfegruppe, zu den Anonymen Alkoholikern, um genau zu sein. In Deutschland gibt es verschiedene Selbsthilfegruppen für Alkoholkranke. Einige von ihnen blicken auf eine über hundertjährige Geschichte zurück. Manche sind christlich-konfessionellen Prägungen verpflichtet und fallen zunächst einmal durch ihre etwas skurril klingenden Namen auf: Kreuzbund, Guttempler, Blaues Kreuz, Verein für alkoholfreies Leben oder Freundeskreise für Suchtkrankenhilfe. Sie alle schicken Vertreter auf Entgiftungsstationen von Krankenhäusern. Sie halten regelmäßig Treffen ab, geben ihren Mitgliedern Lebenshilfe und bilden ein soziales Netzwerk für Menschen, die ohne Alkohol leben. Sie haben vielen das Leben gerettet.

Nur wenige Menschen, die versuchen, nüchtern zu werden, schaffen das alleine. Es gibt sie, aber ich gehöre nicht dazu. Eine der grundsätzlichen Leistungen von Selbsthilfegruppen ist das Teilen des Wissens, dass man wirklich eine Krankheit hat. Es bedeutet immer auch eine große Erleichterung, den verworrenen emotionalen und mentalen Zuständen, die einen begleitet haben, einen Namen geben zu können – einen legitimen, medizinischen Namen. Es gibt einem Hoffnung, dass viele andere die gleiche Krankheit haben und dass sie gelernt haben, damit umzugehen.

Trotzdem ist die Reputation von Selbsthilfegruppen nach wie vor erstaunlich schlecht, so schlecht, dass fast niemand etwas mit ihnen zu tun haben möchte. »Lieber ein stadtbekannter Trinker als ein anonymer Alkoholiker« heißt einer der Schenkelklopfer, die in diesem Zusammenhang oft zu hören sind, oder, schon mit etwas mehr Esprit: »Ich bin kein Alkoholiker. Alkoholiker gehen zu Meetings, nicht auf Partys.« Ich sah das lange Zeit natürlich genauso. Ich wäre niemals von alleine auf die Idee gekommen, zu einem AA-Meeting zu gehen, und ich hätte es auch an meinen dramatischsten Katertagen nicht für möglich gehalten, dass sie einmal zu einem festen Bestandteil meines Lebens werden würden. Fast alle Neuankömmlinge in Selbsthilfegruppen schämen sich. Sie verbinden ihren Versuch, Hilfe zu finden, mit einem sozialen Abstieg. Außerdem hat man Angst, dort alte Bekannte wiederzutreffen, was, ehrlich gesagt, nicht ganz unwahrscheinlich ist.

Das Eingeständnis, alkoholkrank zu sein, ist eines der letzten großen Tabus in unserem Land. Viele Betroffene und ihre Angehörigen sind eine Zeitlang überzeugt, es sei einfacher, durch das Leben zu kommen, wenn man die Krankheit unbehandelt lässt und schweigt. Das führt regelmäßig dazu, dass gerade die Menschen, die am dringendsten Hilfe benötigen, diese nicht annehmen und in ihrer Ablehnung manchmal sogar noch von Ärzten und Angehörigen bestärkt werden. So schlimm, glauben viele, stehe es dann doch nicht um ihren Patienten, ihren Ehemann oder ihre Ehefrau, um den Freund oder die Arbeitskollegin.

Ich dachte damals, dass ich es nur ausprobieren wollte. Ein

französischer Freund, der früher zu denjenigen gehörte, mit denen ich mich am liebsten betrank – zum einen, weil er jede betrunkene Wahnsinnsidee mitmachte und jeden Tiefpunkt am nächsten Tag noch zu einer urkomischen Geschichte drehen konnte, zum anderen, weil er einer der wenigen war, die noch mehr tranken als ich –, dieser Freund war nun schon ein halbes Jahr zu AA-Meetings gegangen. Sein Leben hatte sich dramatisch verändert. Er trank nicht mehr und sah viel gesünder aus als zuvor. Er war dabei noch nicht einmal langweilig geworden. Er war immer noch so aufbrausend und manisch wie früher, sein Auftreten hatte immer noch etwas Selbsterfunden-Aristokratisches.

Als ich ihm erzählte, ich würde darüber nachdenken, für eine längere Zeit nichts zu trinken, sagte er mir lachend ins Gesicht, dass ich in jedem Fall Alkoholiker sei – etwas, das man, wie ich inzwischen weiß, bei solchen Gesprächen auf gar keinen Fall tun sollte. Mir machte das nichts aus, im Gegenteil. Wir kannten uns beide zu gut, wussten zu genau, was wir jeweils angestellt hatten. Es hätte einfach keinen Sinn gehabt, in dieser Situation noch irgendeine Fassade aufrechtzuerhalten. Wir saßen bei einem relativ eleganten Japaner, er trank Cola light, ich hatte schon mein zweites Glas Wein bestellt, das erste richtige Glas also, das Essen war gerade erst gekommen. Mein Freund bot mir an, mich zu einem Meeting mitzunehmen. Aus Neugier, wie ich mir sagte, nahm ich dieses Angebot zwei Tage später an.

Für kurze Zeit spielte ich damals mit dem Gedanken, mich an Gruppen wie Moderation Management oder Kontrolliertes Trinken zu wenden, die nicht auf Abstinenz abzielen, sondern ihren Mitgliedern beibringen wollen, wie man »sicher« und weniger trinkt. Selbsthilfeprogramme wie diese haben in den vergangenen Jahren viel Aufmerksamkeit in den Medien bekommen. Sie scheinen eine kollektive Phantasie zu bedienen, wonach man auch dann weitertrinken kann, wenn es eigentlich zu spät ist. Wenn ich ehrlich mit mir war, wusste ich schon damals, dass ich es völlig langweilig und auf Dauer sehr anstrengend gefunden hätte, es bloß bei ein, zwei oder drei Gläsern Wein pro Abend zu belassen. Und außerdem hatte ich ja lange genug mein Trinken »kontrolliert«. Das hatte nichts daran geändert, dass es einer Instanz in mir grundsätzlich sinnlos erschien, abzubrechen, bevor die gewünschte Wirkung des Alkohols wirklich einsetzte. Und es hatte auch nichts daran geändert, dass diese Instanz von Zeit zu Zeit aufs Grausamste die Zügel übernahm.

Auch die bisherigen Forschungen über den Erfolg der Idee des »kontrollierten Trinkens« für Abhängige sind ziemlich eindeutig. Wie der Soziologe George Vaillant von der bereits vorgestellten Grant-Studie schreibt, haben sich in den vergangenen fünfzig Jahren alle medizinisch dokumentierten Fälle von ehemaligen Problemtrinkern, die alleine oder mit Hilfe eines bestimmten Programms zu einem »normalen«, sozialen Trinken zurückfanden, bei einer erneuten Überprüfung zehn Jahre später ausnahmslos als Fehleinschätzungen erwiesen. Ein dramatischer Zwischenfall, der diesen Umstand verdeutlicht, ist jener der Amerikanerin Audrey Kishline. Kishline hatte 1994 das erwähnte Selbsthilfeprogramm »Moderation Management« gegründet – für Menschen, die glauben, ein Problem mit Alkohol zu haben, aber sich selbst nicht als abhängig definieren würden. Das Programm fand viel Zulauf und existiert heute noch. Doch für Kishline selbst funktionierte es nicht. Sie hörte nie auf, exzessiv zu trinken. Im März 2000 saß sie mit einem Blutalkoholspiegel von 2,6 Promille und einer halbleeren Flasche Wodka neben sich am Steuer und stieß frontal mit einem entgegenkommenden Auto zusammen. Sie selbst überlebte. Die beiden Insassen des anderen Wagens, ein Vater mit seiner 12-jährigen Tochter, kamen ums Leben.

Für eine gewisse Zeit, so Vaillant, gelang es einigen Männern der Grant-Studie übrigens tatsächlich, weniger und nur zu bestimmten sozialen Anlässen zu trinken, manchmal sogar für längere Zeit. Aber hatte sich in ihrem Leben einmal das Muster exzessiven Trinkverhaltens etabliert, fielen sie nach Phasen der Mäßigung entweder wieder in das alte Verhaltensmuster zurück oder sie schafften es, ganz mit dem Trinken aufzuhören. Jeder zweite von ihnen begann, sofern er nicht abstinent wurde, schon nach durchschnittlich drei Jahren wieder stark zu trinken. Und selbst die sehr wenigen erfolgreich sozial trinkenden Männer, deren Alkoholproblem ohnehin nur gering ausgeprägt gewesen war, berichteten schließlich davon, dass es ihnen nicht mehr möglich war, zu dem unbeschwerten Umgang mit Alkohol zurückzufinden, den die meisten »normalen« Trinker pflegen.

Im Nachhinein bin ich sehr froh, dass ich keine der Gruppen aufgesucht habe, die sich dem kontrollierten Trinken verschrieben haben. Ich habe das Gefühl, das hätte mich um Jahre zurückgeworfen.

AA ist, das hört man in den Meetings oft mit einem gewissen Stolz, die größte funktionierende Anarchie der Welt. Es ist ein reines Freiwilligenprogramm, eine basisdemokratisch organisierte Graswurzelbewegung, die sich völlig eigenständig finanziert. Alkoholiker helfen hier Alkoholikern. Es ist ein Programm von Menschen, die deine Krankheit wirklich, wirklich gut verstehen und die dir helfen, weil sie dir helfen wollen. AA hat keine übergeordnete Struktur, keine Hierarchien, es gibt keine Gruppenleiter, keine Psychologen, keine Manager, keine Ärzte, keine bezahlten Positionen. Nur ehemalige Trinker, die sich für eine Stunde oder neunzig Minuten zusammensetzen und von ihren jeweiligen Erfahrungen mit ihrer Krankheit erzählen. Es werden Räume gefunden, Gruppen gegründet, Mieten eingesammelt und bezahlt, Prospekte und Bücher gedruckt und verteilt, Kaffee und Tee gekocht, alles in Eigenorganisation. Das Programm hat keine politische oder religiöse Agenda, es erhebt keine Gebühren.

Gegründet wurde die Selbsthilfegruppe 1935 von zwei Kette rauchenden und später auch mit LSD experimentierenden Alkoholikern in der Kleinstadt Akron im US-Bundesstaat Ohio – vom Börsenmakler William Griffith Wilson (»Bill W.«) und vom Arzt Robert Holbrook Smith (»Dr. Bob«). Beide werden von vielen AA-Mitgliedern noch heute wie durchgeknallte Heilige verehrt. Zusammen entwarfen sie das inzwischen in Suchtkliniken auf der ganzen Welt und auch in Selbsthilfegruppen für viele andere Abhängigkeitsprobleme angewendete 12-Schritte-Programm. AA existiert heute in über 180 Ländern, auf etwa 61 000 Gruppen verteilen sich geschätzte zwei Millionen Mitglieder – wie viele es wirklich sind, weiß niemand genau, schließlich ist es ein anonymes Programm und niemand führt Buch.

Im Zentrum des AA-Programms stehen die bekannten zwölf Schritte, eine Art verhaltenspsychologische Anleitung, die den Betroffenen bei der Genesung unterstützt. Zusätzlich geben zwölf Traditionen ein paar rudimentäre Richtlinien für die Organisation der einzelnen Gruppen. Die Traditionen garantieren etwa, dass wirklich absolut jeder, der mit dem Trinken aufhören will, Mitglied werden kann, oder dass die jeweilige Gruppe auch wirklich unabhängig bleibt.

In der elften Tradition geht es darum, dass die Mitglieder

von AA auch auf öffentlicher Ebene ihre Anonymität wahren sollten – eine Tradition, die ich an dieser Stelle in Bezug auf meine eigene Person breche. Ich habe lange darüber nachgedacht, ob ich schreiben soll, dass ich zu Meetings gehe, weil mir diese Traditionen tatsächlich viel bedeuten. Nach einer Reihe von Gesprächen mit engen AA-Freunden habe ich beschlossen, es trotzdem zu tun. Ich hoffe, dass das für einige Menschen, die dieses Buch zur Hand nehmen, die Hemmschwelle senkt, wenn sie darüber nachdenken, Hilfe zu suchen. Ich möchte allerdings keine Werbung für AA machen. Das hier Niedergeschriebene spiegelt auch nur meine eigene Meinung wider. Weder ist es die Meinung einer bestimmten AA-Gruppe noch die einer wie auch immer gearteten »übergeordneten« AA-Institution.

Ich denke, dass jeder, der ein Alkoholproblem hat und Hilfe sucht, einfach zu Meetings verschiedener Selbsthilfegruppen gehen sollte, um herauszufinden, was das Richtige für ihn oder sie ist. Selbst Meetings derselben Selbsthilfevereinigung können sich stark voneinander unterscheiden. Es hängt ganz davon ab, wie sich die Menschen, die zu den Treffen gehen, zusammensetzen. Die Gruppen variieren von Land zu Land, von Stadt zu Stadt, von Bezirk zu Bezirk, von Uhrzeit zu Uhrzeit, manche haben einen esoterischen Einschlag, andere wirken regelrecht therapeutisch, einige verfolgen einen strikten Verhaltenskodex. Ich saß schon in allen möglichen Meetings: mit einem amerikanischen Indianer im zehnten Stock eines Hochhauses in Rio de Janeiro, mit israelischen Soldaten in einem Luftschutzbunker in Tel Aviv, mit Investmentbankern in der Nähe des Washington Square Park in New York, mit achtzig, teilweise wie Models aussehenden schwulen Männern in einem Quäker-Gebetshaus in London, mit gestrandeten Expats in einer Villa an der größten Einkaufsmeile Istanbuls und in einer die Seine überblickenden Kirche in Paris, mit ein paar erstaunlich jungen und gelassen wirkenden Japanern in einem Apartment in Tokio, mit einer Menge Menschen in Hongkong, die China wirklich nicht mochten, mit wahnsinnig komischen, reichen alten Damen in einem für die Lunch-Zeit gemieteten Kirchenraum am Genfer See.

Die grummeligen, depressiv dunklen Sozialfall-Meetings, in denen ab und zu mal einer eine Fahne hat und die das Bild der Selbsthilfe in Deutschland bis heute bestimmen, gibt es aber tatsächlich auch. Viele Menschen suchen eine Weile, bis sie eine Gruppe finden, in der sie sich aufgehoben fühlen. Ich hatte Glück mit meinem Meeting, zu dem mich mein Freund damals mitnahm und zu dem ich bis heute gehe. Deutsche, Amerikaner, Iren, Franzosen, Australier, Südafrikaner, Briten, Brasilianer kommen dorthin, alle irgendwie in Berlin gelandet. Wir treffen uns, obwohl wir im wirklichen Leben so gut wie nichts miteinander zu tun haben würden. Eine Altenpflegerin ist dabei, ein Drehbuchautor, ein Tattoo-Künstler, ein paar Schauspieler, ein DJ, ein Geiger und ein Popmusiker, ein Manager bei einem Online-Dating-Portal, ein paar Anwälte, mehrere bildende Künstler, Studenten, Galeristen, Rentner, Barkeeper, Bauarbeiter, Yoga-Lehrerinnen, Bürokauffrauen und Schriftsteller.

Beim Betreten eines AA-Meetings scheinen irgendwelche alten Synapsen anzuspringen. Der siebte Sinn, den jeder Trinker dafür hat, mit wem er trinken kann, verlässt einen auch nicht, wenn man nüchtern ist. Zumindest erst mal nicht. Meetings können vor allem am Anfang ein buchstäblicher Ersatz für das Trinken sein. Allein der Umstand, sich als einstiger Trinker in die Gesellschaft anderer Extrinker zu begeben, schien für mich immer einen positiven Effekt auf die Botenstoffbalance in meinem Kopf zu haben.

Der springende Punkt in Selbsthilfegruppen wie AA ist Identifikation: das Wissen, dass es hier jemanden gibt, dem es genauso ergangen ist wie dir. Nach einigen Meetings stellt man fest, dass da immer jemand ist, der genau das Gleiche angestellt hat wie man selbst, der genauso gelitten, gelogen und mit seinem Leben gespielt hat. AA-Meetings, wie ich sie kenne, können sich wie kollektive Beichten anfühlen, wie Partys, wie Gruppentherapie oder wie Theateraufführungen. Immer mit einem Publikum, das unbedingte Ehrlichkeit verlangt, von Ironie schnell gelangweilt ist und ein untrügliches Gespür für bewusste und unbewusste Selbsttäuschungsmanöver hat. Das durchschnittliche Meeting ruft in der Regel eine recht komplizierte Mischung aus Gefühlen in einem hervor: Der Schreck des Erkennens und des Selbsterkennens sind dabei, Mitgefühl und Verständnis, aber manchmal auch narzisstische Überlegenheitsgefühle, Angst vor der eigenen Fragilität, Voyeurismus und Liebe – und mit der Zeit kommt mehr und mehr ein deutliches Gefühl der Ruhe hinzu.

Einer der nachhaltigsten Gründe für das Funktionieren von Selbsthilfegruppen wie AA besteht meiner Erfahrung nach darin, dass man dort durch das Hören der Geschichten der anderen auch die Erinnerung an die Erfahrungen und Konsequenzen des eigenen Trinkens wachhält. Ebendeshalb ist in den Gruppen immer wieder die Rede davon, dass nur der wirklich nüchtern bleibt, der anderen dabei hilft, nüchtern zu bleiben. Selbsthilfegruppen sind Programme der Zeugenschaft. Es ist sehr viel einfacher, die Selbstbetrugsmechanismen anderer Menschen zu durchschauen, als die eigenen. Durch die Gespräche mit den anderen Mitgliedern der jeweiligen Gruppe wird man so immer wieder auch auf seine eigene Selbsttäuschung gestoßen. Man wird dazu angehalten, die eigene, wahre Geschichte zu erzählen, die schambesetzte Geschichte, die man als Trinker schon nicht wahrhaben wollte und niemandem erzählt hat, manchmal – so wie in meinem Fall – nicht einmal seiner Analytikerin.

Je länger die eigene Trink-Geschichte zurückliegt, desto undramatischer und realitätsferner erscheint sie einem selbst. Erinnerungen sind fragil, auch bei Menschen, die ihre Gehirne nicht mehrere Jahre lang stimmungsverändernden Flüssigkeiten aussetzen. Alte Erinnerungen werden immer wieder durch neuere ersetzt. Schon normale Menschen erinnern sich nur an das, mit dem sie leben können. Bei Abhängigen wird das noch potenziert: Jeder peinliche betrunkene Auftritt wurde schon, als man noch trank, in abgelegene Gedächtnisschächte verbannt, in der Hoffnung, dass er dort für immer verborgen bliebe. Jahrelang hat man sich unter Zuhilfenahme jeder erdenklichen Mentalakrobatik selbst belogen. Und genau diesem geheimnisvollen Gedächtnisschwund muss man bewusst entgegensteuern, wenn man nüchtern bleiben will.

Die meisten Selbsthilfegruppen haben die Aura von Geheimbünden, was für genesende Alkoholkranke gut ist – es verstärkt das Gefühl, unter sich und in Sicherheit zu sein. Man trifft sich an Orten, an die man sonst keinen Fuß setzen würde, oft in den angemieteten Räumen von Kirchen, Heilsarmeen, Bezirks- oder Sozialverbänden. Es gibt außerdem Rituale, die stoisch eingehalten werden und bei Neuankömmlingen oft für Irritation sorgen. Bei AA betrifft dies etwa das gemeinsame Für-Gelassenheit-Beten am Beginn und am Ende des jeweiligen Meetings, das Reden über eine »höhere Macht«, die man für sich selbst definieren soll, obwohl fast jeder von »Gott« spricht. AA, darauf wird in den Meetings Wert gelegt, ist kein religiöses oder gar konfessionelles, sondern ein spirituelles Programm.

Die in den Meetings verwendeten Slogans wirken oft wie schlimmste Klischees, werden aber von allen Teilnehmern mit einer erstaunlichen Selbstverständlichkeit, Beharrlichkeit und Begeisterung wiederholt – Slogans wie »Nur für heute«, »Das Wichtigste zuerst« oder »Leben und leben lassen«. Es kann wirklich schwierig sein, diese Sprache anzunehmen, gerade am Anfang, wenn man noch seine ganze Coolness-Attitüde mit sich herumträgt, wenn man zwei Flaschen Champagner und zwei Gramm Koks für den Inbegriff eines guten Geburtstagsgeschenks und sich selbst sowieso für so viel besser als alle anderen hält – und, wenn man darüber länger nachdenkt, auch nicht für so krank.

Zu Beginn saß ich häufig bei AA und habe mich gefragt, wie ich eigentlich ausgerechnet hier gelandet bin. Es fällt einem nicht leicht, am Ende eines Meetings aufzustehen, sich mit Leuten, die man nicht kennt, Händchen haltend in einen Kreis zu stellen und einen Gott, der nicht Baby-Jesus sein soll, aber kann, um Hilfe dabei zu bitten, dass man Dinge akzeptiert, die man nicht ändern kann. Man macht das eben irgendwie mit, innerlich die Augen rollend. Weil man nicht auffallen will, weil man zu schwach ist, um sich zu wehren, oder weil es einem, auch wenn man es nicht zugeben möchte, ein bisschen guttut. Später setzt man dann ein ironisches Lächeln auf, ganz so, als würde man über alldem stehen. Und irgendwann macht man es automatisch, schließt die Augen, spürt die Ruhe im Raum, die Energie, die durch all die Menschen fließt, denen es genauso geht wie dir, und freut sich darüber.

Gerade Menschen, die sich viel auf ihre intellektuellen Fähigkeiten verlassen, kommen mit diesem nicht unbedingt rationalen Aspekt von Selbsthilfegruppen zunächst nur schwer zurecht. David Foster Wallace etwa erging es so. Der Autor des grandiosen Romans *Unendlicher Spaß*, der sich 2008 das Leben nahm, war seit seinen Teenagerjahren von Drogen und Alkohol abhängig und fand, nachdem er das Doktorandenprogramm an der philosophischen Fakultät der Harvard University abgebrochen und einen Aufenthalt in einer Entzugsklinik absolviert hatte, in einem Bostoner Halfway House, dem Granada House, eine vorübergehende Bleibe. In Amerika sind Halfway Houses Institutionen, die Drogensüchtigen dabei helfen sollen, sich wieder in das »normale« Leben zu integrieren. Ein fester, vom Gericht vorgeschriebener Bestandteil dieses Integrationsprogramms sind 12-Schritte-Meetings wie die von AA. Foster Wallace sollte sie viele Jahre lang besuchen. Ein Teil von *Unendlicher Spaß* spielt in solchen Meetings und beschreibt sowohl die Schwierigkeiten als auch die Hoffnungen, die mit ihrem Besuch verbunden sind. Auch Foster Wallace' Biograph DT Max berichtet davon, wie schwierig es für den schon damals gefeierten Schriftsteller war, die Slogans von AA anzunehmen und trotz seiner offensichtlichen intellektuellen Überlegenheit zuzugeben, dass er sich von den anderen ehemaligen Trinkern im Raum nicht unterschied.

Gerade die ersten Besuche von Selbsthilfegruppen sind eine Übung in der Auseinandersetzung mit dem eigenen, alkoholkranken Stolz. Eine zentrale Botschaft von *Unendlicher Spaß* ist daher auch, dass man all diese Klischees tatsächlich braucht. Denn letztlich sind sie nur Codes für eine unausgesprochene innere Realität, für die man selbst lange keine Worte findet. Jeder Abhängige, der Selbsthilfegruppen besucht, begreift allmählich, dass diese Klischees der Genesung tatsächlich etwas Konkretes, Reales beschreiben, das einen selbst sprachlos macht.

Dass Selbsthilfegruppen wie AA tatsächlich funktionieren, ist inzwischen mit großer Sicherheit nachgewiesen. Der Wissenschaftsjournalist Charles Duhigg etwa beschreibt in seinem einflussreichen Buch *Die Macht der Gewohnheit. Warum wir tun, was wir tun* Alcoholics Anonymous als Paradebeispiel dafür, wie man erfolgreich schlechte Gewohnheiten verändert. Er unterscheidet dabei nicht zwischen Gewohnheit und Abhängigkeit, die Übergänge sind für ihn fließend. Unter Berufung auf verschiedene neurobiologische Fallstudien und Experimente legt er dar, dass schlechte Gewohnheiten vom Gehirn nicht »gelöscht« werden können. Auf biochemischer und zellulärer Ebene bleiben sie ein Leben lang bestehen. Die neurologische »Speicherung« von Gewohnheiten ist wichtig für die Ökonomie unserer Gehirne. Sie stellt einen evolutionären Vorteil dar, weil sie für Effizienz sorgt und das Leben – normalerweise – sehr viel einfacher macht.

Wenn schlechte Gewohnheiten auch nicht »gelöscht« werden können, so können sie doch durch gute ersetzt werden. Um das zu erreichen, muss man sich laut Duhigg eine Ersatzgewohnheit suchen, die den Platz der alten, schlechten Gewohnheit einnimmt und diese sozusagen »überschreibt«. Die neue Routine sollte dabei auch den alten »Gewohnheitsloop« beibehalten, die Verbindung zwischen dem Auslöser einer Gewohnheit also und dem Gewinn, den sie verspricht. Duhigg bezeichnet das in Einklang mit den neurobiologischen Forschungen der vergangenen Jahre als eine »goldene Regel«. Zu den Meetings einer Selbsthilfegruppe zu gehen kann nun eine solche gute »Ersatzgewohnheit« sein. Man befindet sich wie beim Trinken in Gesellschaft, und wie das Trinken versprechen Meetings eine Art innere Entspannung.

Der Besuch von Selbsthilfegruppen steigert die Genesungschancen daher dramatisch. Und unsere Neurobiologie ist noch nicht einmal der einzige Aspekt, der zum Erfolg beiträgt. Hinzu kommt laut Duhigg auch ein spezifischer

Glaube, der sich so nur in einem Gruppensetting einstellen kann. Es ist der Glaube daran, wirklich etwas dauerhaft verändern zu können. Die meisten Menschen, so Duhigg, verändern ihre Lebenswege dadurch, dass sie Anschluss an neue soziale Gemeinschaften finden. Gruppen schaffen Glauben, und das ganz von allein. Als ich begann, zu Meetings zu gehen, hörte ich oft, dass, wenn ich schon nicht an Gott glaubte, ich doch wenigstens an die Menschen in der Gruppe glauben könnte. Das englische Wort »God« könne auch ein Akronym für »a group of drunks« sein. Und dieser Glaube stellte sich auch bald wirklich ein.

Wenn man sich in AA-Meetings umschaut und sieht, wer es alles geschafft hat, nüchtern zu bleiben und ein zufriedenes, glückliches Leben zu führen, gewinnt man irgendwann die Überzeugung, dass das auch für einen selbst möglich ist: Dass es sich tatsächlich lohnt, am Leben festzuhalten. Dass es in einem selbst wirklich etwas Gutes gibt, das sich ausbauen lässt. Dass sich Dinge tatsächlich zum Besseren wandeln können.

Würde man nach einer Botschaft suchen, die alle Selbsthilfegruppen teilen, dann wäre es diese: Du bist mit deiner Krankheit nicht alleine. Meetings sind schließlich immer auch ein Mittel gegen die Einsamkeit des Abhängigen, gegen sein Gefühl, keine Existenzberechtigung mehr in dieser Welt zu besitzen, und gegen die Stimme in seinem Kopf, die ihm sagt, dass er es verdient, sich so schlecht zu fühlen. In Gruppen wie AA lernt man, dass Nüchternheit eine reale Möglichkeit darstellt, dass es realistisch ist, ein, zwei, drei, zwanzig, dreißig oder fünfzig Jahre lang glücklich ohne Alkohol zu leben. Man lernt auch, dass die Freiheit von den inneren Zwängen, Begehrlichkeiten und abstrusen Selbstlügen, dass die Freiheit vom Lärm im Kopf tatsächlich Realität werden kann.

Die meisten Abhängigen, die aufhören wollen, konzentrieren sich lange auf das letzte Glas, das sie trinken werden. Das führt meistens dazu, dass man dieses letzte Glas immer wieder trinkt. Wenn man zu den Treffen dieser Gruppen geht, versteht man irgendwann intuitiv, dass das ein falscher Plan ist und es in Wahrheit nur um das erste Glas geht. Dass nur der Plan, jenes erste Glas nicht zu trinken, funktionieren kann, jenes Glas, das mit dem alkoholischen Getränk Ihrer Wahl gefüllt ist. Man versteht endlich, dass man es einfach nicht mehr trinken muss.

ARBEIT AM STIGMA

Unterschiedliche Süchte haben immer auch einen unterschiedlichen Status in unserer Gesellschaft. Sie sind mit verschiedenen emotional aufgeladenen Bildern und Assoziationen verknüpft, positiven wie negativen. Diese kollektiven Vorstellungen haben oft nur wenig mit der Realität der jeweiligen Abhängigkeit zu tun und sind kulturell wandelbar.

Ich kann mich noch gut an die beiden ersten Winter meiner Nüchternheit erinnern. Damals habe ich verzweifelt versucht, mit dem Rauchen aufzuhören. Ich hatte schon immer viel geraucht, aber seitdem ich nicht mehr trank, noch mehr. Es half mir dabei, mich von unangenehmen Gefühlen abzulenken, und sorgte dafür, dachte ich, dass ich nicht wieder zunahm. Ich hatte, ohne es zu wollen und ohne es auch nur zu bemerken, einen Teil meiner Abhängigkeit auf die Zigaretten verschoben. Ich konnte auch nicht damit aufhören oder die Anzahl der von mir gerauchten Zigaretten reduzieren, als ich häufig krank wurde. Wenn die Temperaturen draußen unter fünf Grad sanken, ging ich fast jede Woche in die Apotheke in meiner Nachbarschaft, um Erkältungsmedizin zu kaufen.

Dabei kam das Gespräch mit der Apothekerin einmal auch aufs Rauchen. Man brauche immer mehrere Versuche, um sich von den Zigaretten zu trennen, sagte sie damals. Vor drei Jahren habe sie es endlich geschafft, nach mindestens zehn Anläufen. »Toi, toi, toi. Man ist da ja wie ein trockener Alkoholiker«, setzte sie hinzu, wurde ein bisschen rot und kicherte. Sie war selbst ein wenig erschrocken über ihre Bemerkung.

Mir ging das Gespräch noch eine ganze Weile durch den Kopf. Und ich erinnere mich heute noch daran. Nicht, dass mich der Vergleich gestört hätte. Ich denke auch, dass Exraucher und Extrinker vieles gemeinsam haben, nicht zuletzt das Wissen, dass sie schon eine einzige Zigarette oder ein einziges Glas wieder in ihre Abhängigkeit katapultieren würde. Während wir jedoch dem ehemaligen Raucher im Allgemeinen positiv gegenüberstehen und ihm zu seinem neuen, nikotinfreien Leben gratulieren, wird dem ehemaligen Trinker häufig eine verschämte Form von Mitleid oder Ablehnung entgegengebracht – ganz so, als wäre er von einem grauenhaften Leiden befallen worden, das ihn für immer aus der Gesellschaft ausschließt.

Fast alle Menschen, die mit dem Trinken aufgehört haben, und auch diejenigen, die insgeheim wissen, dass dieser Schritt für sie ebenfalls ansteht, kennen die Scham, die gesellschaftlich mit dem Eingeständnis einhergeht, nicht mehr trinken zu können – allen medizinischen und neurobiologischen Forschungen zum Trotz, die nachgewiesen haben, dass es sich dabei um eine Krankheit handelt. Trotz des wissenschaftlich verbrieften Umstands also, dass man dabei eben nicht von einem moralischen Scheitern sprechen kann oder von einer Schwäche der Willenskraft.

Wie immer unsere Vorurteile gegenüber der Alkoholabhängigkeit auch aussehen: Medizinisch betrachtet kann unter bestimmten Umständen jeder von uns alkoholkrank werden, egal, wie alt wir sind, woher wir kommen, welchem Geschlecht oder welcher sozialen Schicht wir angehören, wie viel Erfolg wir in unserem Leben haben. Zu einem großen Teil scheint die Anfälligkeit dafür genetisch verankert zu sein. Aber auch Stress und frühe Erfahrungen mit Alkohol zählen zu den Faktoren, die eine Abhängigkeit begünstigen, außerdem kindliche Traumaerfahrungen, eine leicht von der Norm abweichende neurobiologische Chemie, brüchige soziale Netzwerke und andere gesellschaftliche Einflüsse.

Studien, die das Trinkverhalten eineiiger und zweieiiger Zwillinge verglichen haben, schätzen, dass immerhin zwischen 40 und 60 Prozent des Risikos, abhängig zu werden, von unserem Erbgut bestimmt werden. Trotz intensiver Forschungen versteht man allerdings noch nicht, welche genauen genetischen Ursachen der Abhängigkeit zugrunde liegen. Während ein Phänomen wie Laktose-Intoleranz von einer Mutation in einem einzigen Gen namens LCT verursacht wird, gibt es kein einzelnes »Abhängigkeitsgen«. Vielmehr deutet alles darauf hin, dass unsere jeweilige Anfälligkeit das Ergebnis eines komplexen Zusammenspiels von bis zu 25 Genen ist, die regeln, wie wir auf Alkohol reagieren, welche Rolle der Botenstoff Dopamin in unseren Gehirnen spielt, welche Toleranz wir entwickeln und mit wie viel Lust wir den Rausch besetzen.

Weder unsere Gene noch die anderen oben genannten Aspekte führen jedoch von alleine geradewegs in den Alkoholismus. Sie beeinflussen nur, wie wir trinken, und unterstützen eine Entwicklung, die eintreten kann oder auch nicht. Die wesentlichste Voraussetzung dafür, dass es zur Abhängigkeit kommt, ist das gewohnheitsmäßige Trinken, denn es verändert die Nervenzellen im Lust- und Erfahrungszentrum des Gehirns so nachhaltig, dass das zentrale Nervensystem die Alkoholzufuhr irgendwann zum Funktionieren braucht, ein Vorgang, der Neuroadaption genannt wird.

Eine Freundin von mir sagt oft: Einige Menschen haben blaue Augen, andere können nicht trinken. Der Vergleich stimmt nicht ganz, hat aber durchaus einen wahren Kern. Wir sind nicht ausschließlich Opfer unserer willfährigen Gene und unserer psychologischen und kulturellen Biographien. Unsere Augenfarbe können wir nicht bestimmen, aber sollten wir in die Abhängigkeit gerutscht sein, können wir für unsere Genesung Verantwortung übernehmen – auch wenn das so viel einfacher klingt, als es tatsächlich ist. Nicht zuletzt hindert einen die Scham daran, sich dieser Verantwortung zu stellen.

Ich habe die Scham, die mit dem Wissen verbunden ist, nicht mehr so wie andere Menschen trinken zu können, jahrelang verspürt – immer, wenn ich morgens mit einem Kater und einem schlechten Gewissen aufwachte, immer, wenn ich mir Ausreden ausdenken musste für dieses oder jenes Verhalten. Ich habe mich auch noch geschämt, nachdem ich längst aufgehört hatte zu trinken. Es brauchte viele Monate, bis ich unverkrampft nein sagen konnte, wenn man mir in einer Bar, bei einem Abendessen oder bei einer Vernissage ein Glas Wein angeboten hat. Und ebenso lange, bis ich nicht mehr das Bedürfnis hatte, mir Gründe dafür auszudenken, warum ich keinen Alkohol trinke.

Ohne diese Scham hätte ich vielleicht schon früher die unglaubliche Erleichterung verspürt, die mit der Entdeckung einhergeht, dass ich nicht mehr trinken muss und dass mein Leben alles andere als vorbei ist. Dass mein Leben heute nicht mehr etwas ist, das ich aushalten muss, das es krampfhaft zu kontrollieren oder irgendwie zu meistern gilt. Dass ich mich so gut fühle, wie ich es vor ein paar Jahren nicht für möglich gehalten hätte.

Das Gespräch mit der Apothekerin ist mir nicht nur deshalb so lange im Gedächtnis geblieben, weil sich darin die Scham auf mich zu übertragen schien, die sie ob ihrer Aussage verspürte, mit einem ähnlichen Schicksal geschlagen zu sein wie ein nüchterner Alkoholiker. Es lag auch daran, dass ich das Stigma der Trinker, mit dem ich mich unfreiwillig identifizierte, kurze Zeit später in voller Aktion beobachten konnte. Als ich nach dem Apothekenbesuch, genervt von meiner eigenen Abhängigkeit, zum Spätkauf ging, um Zigaretten zu holen, betrat ein gut angezogenes Pärchen den Laden und führte die immer einen Tick zu laute Trinkshow auf, die ich früher in Variationen auch inszeniert hatte: Als hätte man nichts zu verbergen, obwohl jede Pore des Körpers sagt, dass man etwas verbergen will. »Was trinken wir denn heute Abend, Schatz?« Beide hatten sich augenscheinlich schon auf dem Weg vom Büro oder von woher auch immer etwas genehmigt. Sie rochen nach Alkohol. »Ach, keine Ahnung, worauf hast du denn Lust?« Er hatte das Sixpack schon in der Hand, sie griff zu einer Wodkaflasche. Die Stimmung war unangenehm, es wäre unauffälliger gewesen, hätten sie gar nichts gesagt.

Das Verhalten der beiden kam mir, wie gesagt, bekannt vor. Es ist typisch für Trinker. Ein nüchterner Freund von mir erzählt beispielsweise oft, er habe drei Supermärkte im Umkreis seiner Wohnung gehabt und immer genau darauf geachtet, wie er seine Einkäufe verteilte, damit niemand denken würde, er habe ein Alkoholproblem. Man stellt absurde Sachen an, wenn man Angst davor hat, die Wahrheit, die man vor sich selbst so sehr zu verheimlichen versucht, in den Gesichtern der anderen Menschen gespiegelt zu sehen. Die Wahrheit, dass man der Abhängige ist, der man unter keinen Umständen sein möchte.

Vieles an meinem eigenen, von Scham motivierten Verhalten erschloss sich mir erst im Nachhinein. Wie bewusst war mir, dass ich die leeren Weinflaschen früher nur im Dunkeln nach unten zur Altglastonne brachte? Wie willentlich achtete ich darauf, dass, wenn meine Familie zu Besuch kam, die Pegel der Wodka-, Obstler- und Cointreauflaschen in der Küchenzeile nicht allzu niedrig waren? Wie bewusst war ich mir, dass ich beim Einkaufen ein häufig recht erratisches Verhalten an den Tag legte?

Oft genug, wenn kein Wein mehr zu Hause war, bin ich in den Supermarkt oder zum Spätkauf und habe zumeist wortlos eine Flasche geholt. Aber am liebsten habe ich Wein in der Feinkostabteilung eines Kaufhauses oder in einer Weinhandlung gekauft. Ich habe in der Regel versucht, darauf zu achten, guten Wein zu trinken, meistens mit gemischtem Erfolg, und konnte mich, wenn es darauf ankam, als Connaisseur ausgeben. Ich habe die Verkäufer dann aber trotzdem oft gefragt, ob das denn wirklich ein guter Wein sei, von dem ich gerade ein paar Flaschen einpackte, oder ihnen mit einem Verlegenheitslachen gesagt, ich würde am Abend ein großes Essen geben. Das war zwanghaft, ein kleiner Tick, für den ich mich jedes Mal wieder schämte. Genau wie für den Zwang, mindestens zwei Flaschen Wein pro Person zu kaufen, wenn ich tatsächlich ein Essen bei mir gab – nur für den Fall, dass jemand zufällig nichts mitbrächte. Die Gäste, nicht ich, sollten genug zu trinken haben.

Ich bin nie rot geworden, wenn ich meine roten Gauloises kaufte. Ich habe noch nie ansatzweise das Gefühl gehabt, gewisse Anstandsregeln zu verletzen oder bestimmte soziale Normen zu missachten, wenn ich einen Abend zu viel rauchte. Es ist nicht Abhängigkeit an sich, die unter einem Generalverdacht steht. Abhängigkeit hat zwar immer etwas Beschämendes, weil sie das tief verwurzelte Ideal der Autonomie verletzt, das eine der Grundlagen unseres Zusammenlebens darstellt. Trotzdem ist unsere Haltung gegenüber dem Trinken und der Nüchternheit sehr viel ambivalenter als die gegenüber dem Rauchen: Wer zu viel trinkt oder nicht einschätzen kann, welcher Alkoholkonsum in bestimmten gesellschaftlichen Kontexten vertretbar ist, fällt sozial natürlich negativ auf. Aber auch, wer gar nichts trinkt, muss sich tendenziell schämen. Ein Sitznachbar bei einem Abendessen erzählte mir einmal hinter vorgehaltener Hand, dass jemand aus unserem Bekanntenkreis auch nichts mehr trinke, dass derjenige aber ein »Ex-Alkie« sei. Er hatte wohl angenommen, dass ich aus irgendwelchen gesundheitlichen Gründen nichts trank. Es war eine unfreiwillig komische Situation. Ich sagte ihm daraufhin jedenfalls, dass auch ich ein »Ex-Alkie« sei.

Wie leicht man abhängig wird, variiert von Substanz zu Substanz. Zigaretten haben vor allen anderen Drogen die höchste Abhängigkeitsrate. Von Menschen, die ab und an rauchen, werden schließlich 31,9 Prozent abhängig, fand eine amerikanische Studie 1994 heraus. Nach derselben Studie werden von den Menschen, die ab und zu Alkohol trinken, letztlich 15,4 Prozent abhängig. Heroin hat eine Abhängigkeitsrate von 23,1 Prozent, Kokain eine von 16,7 Prozent, Cannabis eine von 9,1 Prozent. Was die Untersuchung nicht berücksichtigt, sind historische, kulturelle und geographische Differenzen. Doch ist anzunehmen, dass die Abhängigkeitsraten auch im heutigen Deutschland in ähnlichen Größenverhältnissen zueinander stehen oder zumindest als Richtwerte dienen können.

Während Zigaretten die größere Abhängigkeitsrate aufweisen, zeitigt Alkohol allerdings die mit Abstand größten negativen Folgen. Britische Mediziner stellten 2010 die Ergebnisse einer Langzeitstudie vor, in der sie auf einer Skala von 1 bis 100 den relativen Schaden einschätzten, den verschiedene Drogen bei ihren Konsumenten und in deren Umfeld verursachen. Die Kriterien der Studie reichten von gesundheitlichen Problemen über psychologische Erkrankungen bis zu sozialen und ökonomischen Konsequenzen. Die Ergebnisse sind erschreckend. Während Cannabis auf dieser Skala bei 20 landete, schaffte es Nikotin, gleichauf mit Kokain, auf einen Wert von 30. Heroin wurde mit einem Wert von immerhin 55 eingestuft. Der unangefochtene Desaster-Spitzenreiter aber war Alkohol – mit einem Wert von 72.

Auch diese Studie kann sicherlich nur einen Richtwert liefern. Aber trotzdem legt sie nahe, dass sich hinter der Ächtung von Alkoholismus eine reale, wenn auch weitgehend verdrängte kollektive Erfahrung verbirgt: Exzessives Trinken richtet weit mehr Schaden an als die Nutzung anderer Drogen. Dabei geht es nicht einmal nur um Todesfälle, Krankheiten, Unfälle und Kriminalität. Jeder von uns kennt Menschen, die dabei sind, sich trinkend selbst zu zerstören. Jeder kennt Familien, Paare und Freundeskreise, die unter dem Gewicht dieser Selbstzerstörung zusammenbrechen.

Nur glauben wir intuitiv meistens eben immer noch, dass diese Menschen selbst schuld daran sind, wenn sie zu viel trinken. Und dass wir selbst ohnehin davor gefeit sind. Das Alkoholproblem haben immer die anderen.

Solange man nicht zugibt, dass man ein Alkoholproblem hat, und glaubt, so wie jeder andere auch zu trinken, solange man es gut genug verheimlicht, wird man nicht zum Opfer der damit verbundenen gesellschaftlichen Stigmatisierung. Nur die Leute, denen die Sucht schon ins Gesicht geschrieben steht, und die Nüchternen, die durch ihre Abstinenz deutlich machen, dass sie die Zerstörungswut der Alkoholkrankheit am eigenen Leib erfahren haben, bekommen die Ächtung zu spüren.

Die meisten Menschen wissen leider immer noch zu wenig über Abhängigkeit, und das, was sie wissen, ist von einem vorgestrigen medizinischen Verständnis bestimmt. Trotz ihrer weiten gesellschaftlichen Verbreitung und trotz einiger gegenläufiger Aufklärungsmaßnahmen ist sie immer noch etwas, vor dem wir als Kultur die Augen verschließen. Alkoholismus ist eine Krankheit, die wir verstecken, verwischen und geheim halten wollen, eine Krankheit umrankt von zahllosen Mythen und Klischees – und eine Krankheit, von der nach wie vor viele Menschen denken, dass sie gar keine Krankheit sei.

Die amerikanische Intellektuelle Susan Sontag ist in *Krankheit als Metapher*, ihrer Studie über die Vorurteile, die früher mit Krebserkrankungen einhergingen, auf ein Phänomen gestoßen, das auf die Geschichte fast aller Krankheiten zutrifft. Als sie das Buch Ende der 1970er Jahre schrieb, befand sich die Krebsforschung im Vergleich zu heute noch immer in den Kinderschuhen. Bei ihr selbst war eine schwere Form von Brustkrebs diagnostiziert worden, die sie trotz schlechter Heilungschancen überleben sollte. Immer wieder sah sie sich während ihrer Behandlung und ihrer Genesung mit Vorurteilen konfrontiert. Dass zum Beispiel Krebs etwas sei, das nur besonders verkrampfte, unentspannte Menschen traf, dass er gewissermaßen die Manifestation eines psychologischen Ungleichgewichts darstelle. Dass sie, mit anderen Worten, im Grunde selbst eine Schuld an ihrer Krankheit trage.

Diese Vorurteile waren für sie nur schwer abzuschütteln, nicht bloß, weil sie tatsächlich eine sehr ehrgeizige Frau mit hohen Ansprüchen war, die sich kaum entspannen konnte, sondern auch und vor allem, weil diese Ansichten damals so weit verbreitet waren. Aus diesem Grund verglich sie für *Krankheit als Metapher* die populären Erklärungsmuster in Bezug auf Krebserkrankungen mit denen, die sich einige Jahrzehnte zuvor um die Tuberkulose gerankt hatten, eine ähnlich mythisch aufgeladene Krankheit. Dabei stellte sie fest, dass sich die frühen Krebs- und die frühen Tuberkulosemythen extrem ähnelten. Erstere waren in gewisser Hinsicht nur Variationen der Letzteren.

Überraschenderweise verschwanden die Vorurteile gegen Tuberkulosekranke erst, als eine medizinisch zufriedenstellende Erklärung für die Krankheit gefunden wurde und das Penizillin seinen Siegeszug antrat. Theorien, wonach Krankheiten mentale und psychologische Ursachen hätten und durch Willensstärke geheilt werden könnten, sagt Sontag, seien fast immer falsch. Stattdessen seien sie vor allem ein Indikator dafür, wie wenig man über die tatsächlichen physiologischen Ursachen einer Krankheit zu einem bestimmten Zeitpunkt wisse.

Diese Beobachtung lässt sich auch bei unserem heutigen Verständnis von Alkoholismus machen. Selbst Menschen, die wissen und akzeptieren, dass es sich dabei um eine Krankheit handelt, glauben, dass Alkoholismus ein Ausdruck von Nachlässigkeit oder Willensschwäche sei. Dass man »normal« trinken könnte, wenn man es nur wollte. Grundsätzlich wird – anders als bei vergleichbaren Krankheiten – bei Abhängigkeit ein Selbstverschulden unterstellt. Die meisten Menschen können schlichtweg nicht nachvollziehen, dass einige von uns über so lange Zeit so viel trinken müssen, dass unsere Gehirne gewissermaßen programmiert sind darauf, alles andere im Leben hintanzustellen. Sie können es nicht nachvollziehen, weil sie selbst eben nicht diese Krankheit haben.

Den meisten ehemaligen Trinkern sieht man nicht mehr an, dass sie einmal getrunken haben. Sie führen eine Existenz, die sich vom Leben der »normal« trinkenden Bevölkerung kaum unterscheidet. Das antiquierte Stigma, das ihnen angeheftet wird, ist letztlich Ausdruck einer elaborierten Projektion. Einer Projektion, in der die Annahme zum Ausdruck kommt, dass es da jemand schlichtweg zu weit getrieben habe.

Wer kennt sie nicht, die befreiende Lust, die mit der Entgrenzung des Alkoholrausches einhergeht? Und wer kennt sie nicht, die damit verbundene Scham am nächsten Morgen? Gibt man solchen Entgrenzungen zu oft nach, verletzt man die ungeschriebenen Regeln unseres kulturellen Vertrags. Unsere Gesellschaft beruht darauf, dass wir Verantwortung für unser Handeln übernehmen, dass wir nüchtern durch den Tag gehen. Sie beruht darauf, dass wir für unseren eigenen Lebensunterhalt aufkommen, dass wir unsere Rollen als Partner, Väter, Mütter und Freunde wahrnehmen und uns sozial in bestimmte Grenzen einordnen. Sie beruht darauf, dass wir diese Grenzen, auch wenn wir sie nicht bejahen müssen, doch immerhin als gegeben akzeptieren. Wer sich nun aber das Recht herausnimmt, den Rausch mit seinen Entgrenzungen auf den Alltag auszuweiten, verstößt gegen diese kulturellen Übereinkünfte, gegen das, was es heißt, ein Mitglied unserer Gesellschaft zu sein. Die meisten Alkoholkranken haben es zu weit getrieben: Sie haben den gesellschaftlichen Vertrag verletzt. Aber sie haben sich dieses Schicksal nicht ausgesucht.

Der französische Psychoanalytiker Serge Tisseron hat nachgewiesen, dass sich das Gefühl der Scham immer auf der Schnittstelle zwischen dem Sozialen und dem Individuellen bewegt. Im Gegensatz zu anderen Gefühlen wie Freude, Wut und Traurigkeit wird Scham nicht von selbst empfunden, sie wird erlernt. Es wird einem vorgemacht, dass man sie empfinden soll. Scham wird von der Angst vor dem Verlust von Zuneigung und sozialem Prestige motiviert, von der Angst, aus sozialen Gruppen ausgeschlossen zu werden. Sie ist etwas, das man sich selbst nur schwer eingesteht, ein Gefühl, mit dem man nur schlecht konstruktiv umgehen kann. Man versteckt sie nicht bloß vor anderen Menschen, sondern auch und vor allem vor sich selbst. Man kann Scham hinter einer ganzen Reihe von Gefühlen verbergen, ohne dass es einem bewusst ist. Der Psychoanalytiker Leon Wurmser nannte sein Grundsatzwerk über dieses Gefühl deshalb auch treffend *Die Maske der Scham*.

Wer sich schämt, versucht, ob er es will oder nicht, immer auch, anderen seine Scham aufzuzwingen. So unerträglich ist dieses Gefühl. Seitdem ich nüchtern bin, vergeht kein Monat, in dem ich nicht von bestimmten Menschen dazu aufgefordert werde, doch wenigstens ein Glas zu trinken. Diese Aufforderungen können im Laufe eines Abends immer komischer werden. Bei einer Weihnachtsfeier vor ein paar Jahren etwa hielt mir ein Vorgesetzter zu fortgeschrittener Stunde immer wieder ein Glas Riesling unter die Nase und meinte mit lallender Stimme: »Hier, trink doch! Trink doch! Der ist gut!« Bevor ich ihm deutlich sagte, dass er damit aufhören solle, und, weil auch das nichts brachte, schließlich den Tisch wechselte, musste ich eine Weile darüber lachen. Als ich noch trank, konnte ich auch nur schlecht damit leben, wenn jemand in meiner Gesellschaft nicht trank. Auch wenn es mir nicht bewusst war, wollte ich mit meinen Schamgefühlen nicht alleine sein.

Alkoholische Scham hat viele Spielformen, sie hat unzählige Masken. Der Trinker, der still an der Bar sitzt und sich pseudomasochistisch von der Welt missverstanden fühlt, versteckt seine Scham genauso vor sich selbst. Das Verhalten des Kollegen, der morgens verkatert ins Büro kommt und mit seiner heldenhaften Trinknacht prahlt, ist von keinem anderen Gefühl motiviert. Die neurotische Resignation, mit der man sich mit seinem Rotwein auf das heimische Sofa zurückzieht, ist eine ebensolche Maske der Scham wie die allgemeine Entrüstung über den Straßentrinker, der sich in der Öffentlichkeit zu Tode trinkt.

Unsere Scham gegenüber dem Nüchternen ist stets auch eine Abwehrreaktion. Eine Abwehrreaktion auf unser Wissen, wie gefährlich Alkohol ist, obwohl er kulturell und historisch so tief in unserer Kultur verankert ist, obwohl anscheinend jeder trinkt. Sie ist eine Abwehrreaktion darauf, wie schwer es ist, die Folgen, die das Trinken für einen Großteil unserer Bevölkerung hat, zu behandeln.

Anstatt unserem kollektiven Abhängigkeitsproblem ins Gesicht zu sehen, auch wenn wir es nicht verstehen, glauben wir lieber, dass wir es mit einem Phänomen zu tun haben, das nur Menschen trifft, die lebensuntüchtig oder moralisch fragwürdig seien – Menschen, die nicht so sind wie wir. Von einer Gesellschaft, die sich kollektiv den Genuss eines Rauschmittels erlaubt, würde man eigentlich erwarten, dass sie nicht auf die Menschen herabschaut, die ein Problem mit dem Konsum dieser Droge haben und davon krank werden. Vielleicht kommen wir als Gesellschaft, wie bei unserem Verständnis von Krebs und Tuberkulose, irgendwann einmal tatsächlich an diesen Punkt. Doch zurzeit ist Alkoholismus bei uns immer noch eine der Krankheiten, für die man sich schämen muss. Was tragisch ist. Denn möchte man die Chance haben, diese Krankheit zu überleben, muss man als Erstes aufhören, sich dafür zu schämen, dass man sie hat.

SICH EIN NEUES LEBEN VORSTELLEN

Nüchtern ist man immer nur für diesen einen Tag, dann für den nächsten und danach für den übernächsten. Beginnt man damit, zu Meetings von Selbsthilfegruppen wie AA zu gehen, hört man oft, dass man es nur bis zum Abend schaffen muss. Dass man nichts weiter schaffen muss, als nüchtern zu Bett zu gehen. Über den Rest kann man am nächsten Tag nachdenken.

»Just for today«, »nur für heute« ist einer der AA-Slogans, die eine weite Verbreitung in der Populärkultur erfahren haben und von vielen Menschen bei einer Reihe von Problemen eingesetzt werden. Als ich ihn zum ersten Mal hörte, habe ich automatisch mit den Augen gerollt. Ich fand, er klang unfassbar naiv und esoterisch. Nur Menschen mit überschaubaren intellektuellen Fähigkeiten, dachte ich damals, könnten an so etwas glauben. In Wahrheit handelt es sich um eine bahnbrechende Idee, und hinter der Arroganz, mit der ich ihr anfänglich begegnet bin, verbarg sich vor allem Angst.

Warum die Idee des »nur für heute« psychologisch funktioniert, liegt auf der Hand: Wenn man sich nicht vorstellen kann, sein Leben ohne Alkohol zu leben, aber mit dem Gedanken konfrontiert wird, nie wieder Alkohol trinken zu können, wenn man weiterleben will, so kommt das einer Einladung gleich, sich sofort eine Flasche Wein aufzumachen. Denn dieser Gedanke liegt jenseits der Vorstellungskraft, egal, wie sehr einem bewusst ist, dass man gerade dabei ist, sich und sein Leben durch das Trinken zu zerstören, egal, wie sehr man mit dem Trinken aufhören möchte. Es ist gut, sich einen überschaubaren Zeitrahmen zu setzen und dann weiterzusehen. Auch wenn dieser Zeitraum nur einen Tag umfasst.

Meine Nüchternheit begann mit einer Art Vertrag, den ich mit meiner Psychoanalytikerin schloss: Nachdem ich eingestehen musste, dass mein halbjähriges Experiment, kontrolliert nur zweimal die Woche zu trinken, gescheitert war, machten wir aus, dass ich erst einmal für zwei Wochen nichts trinken würde. Das war realistisch, nicht schwierig, das hatte ich schon öfter gemacht. Als sich die beiden Wochen ihrem Ende näherten, sagte ich meiner Analytikerin, dass sechs Wochen vielleicht der bessere Zeitrahmen wären, um mich wieder auf den richtigen Weg zu bringen. Ich wusste eigentlich schon, dass ich nicht mehr trinken wollte, die beiden Wochen ohne Alkohol waren herrlich gewesen. Irgendwann im Laufe dieser Zeit entschloss ich mich dazu, tatsächlich das ernst zu nehmen, was ich in den AA-Meetings gehört hatte: Ich müsste erst einmal nur für heute nicht trinken.

Nur für heute nicht zu trinken hat weitreichende Konsequenzen. Es bedeutet, dass man ein klares, mehr oder weniger einfach zu erreichendes Ziel vor Augen hat. Es bedeutet, dass man, egal, was an diesem Tag sonst noch passiert, am Ende zumindest mit der Zufriedenheit schlafen gehen kann, die daraus entsteht, dass man sein Ziel erfüllt hat. Es bedeutet, dass all die Dramen, die hinter einem liegen, die Brücken, die man eingerissen, die Beziehungen, die man in Schutt und Asche gelegt, und die Hoffnungen, die man zerschossen hat, fürs Erste eine untergeordnete Rolle spielen, weil sie Vergangenheit sind. Die Schuldgefühle, die damit einhergehen, muss man nicht alle auf einmal bearbeiten. Es bedeutet, dass all die unlösbaren Ängste, die sich um die Zukunft ranken – die Karrieresorgen, die finanziellen Probleme, die Furcht davor, alleine zu bleiben –, erst einmal nicht zählen, da sie das Morgen betreffen. Man wird sich um sie kümmern, wird sie nach und nach bearbeiten, aber heute sind sie nicht von Belang. Heute geht es nur darum, für heute zu leben. Man hat eine Arbeit oder eine andere Aufgabe, mit der man sich eine Weile beschäftigen muss, eine Wohnung, in der man schlafen kann, genug Geld im Portemonnaie, damit man sich etwas zu essen kaufen kann, man hat mindestens eine Person im Leben, mit der man sprechen kann, meistens sogar mehr, man muss nur jemanden aus den Meetings anrufen: Heute kommt man erst einmal durch den Tag. Heute muss man nicht trinken.

Genauso asymptomatisch wie das Trinken des Alkoholkranken ist auch seine Genesung. Die Anfangszeit der Nüchternheit ist allerdings in den meisten Fällen überraschend schön. Von vielen wird sie als »pink cloud« oder »rosa Wolke« beschrieben. Bei einigen kommt dieser Zustand früher, bei anderen später, aber fast jeder erlebt ihn.

Der Begriff der »rosa Wolke« ist meiner Erfahrung nach irreführend und passend zugleich. Die Wahrheit ist, dass man, wenn man aufhört zu trinken, durch eine lange Phase extremer Stimmungsschwankungen geht. Die ersten Wochen und Monate sind von der Verwirrung geprägt, die entsteht, wenn man auf seine Trinkrituale verzichtet, von denen man denkt, dass sie einem dabei helfen, das Leben zu meistern. Es ist eine tiefgreifende Verwirrung, die bei jeder Situation eintritt, in der man früher trank: Wenn man abends alleine aus dem Büro nach Hause kommt oder Freunde zum Essen trifft, wenn man Tanzen geht oder zu einer Ausstellungseröffnung eingeladen ist, wenn man ein Buch liest, Sex hat oder auf eine Geburtstagsfeier geht oder wenn ein Kollege seinen Ausstand feiert. Die ganze Zeit empfängt das Gehirn Signale, dass es trinken soll. Man bekommt das gar nicht bewusst mit und will auch gar nicht trinken, die neuronalen Verbindungen aber, über Jahre geformt, funktionieren weiter und sorgen für eine Art mentale Entzugserscheinung. Das kann sich in depressiven Verstimmungen äußern, in verstärkten Schuld- und Schamgefühlen, Konzentrations- und Gedächtnisschwierigkeiten, in Schlafproblemen oder unterschiedlich heftigen Angst- und Panikattacken.

Diese postakuten Entzugserscheinungen können einen lange begleiten, über Wochen und Monate. Sie können durchaus dramatische Farbtöne annehmen, für blutrote Selbstmitleidsattacken sorgen und für schwärzeste Wutanfälle. Die dominierende Farbe jener ersten Monate jedoch ist Pink. Zumindest ist es die Farbe, an die man sich erinnert, die Farbe, die man sieht, wenn man gerade nicht in Gefühlsstrudeln zu versinken droht. Die Farbe des Morgenschimmers nüchternen Lebens, der aufscheint, wenn man realisiert, dass man tatsächlich ohne das Trinken lebt, dass man es schafft, nicht mehr Opfer seines Zwangs zu sein.

Die »rosa Wolke« markiert eine Zeit, in der man entdeckt, dass jeder Tag einen Morgen hat, einen schönen Morgen, der nicht von einem dumpfen Gefühl im Kopf getrübt wird, das jede Handlung unmerklich ein wenig verlangsamt, nicht von Kopfschmerzen und Übelkeit. Sie steht für eine Zeit, in der man erlebt, wie erholsam es sein kann, richtig und durchgehend zu schlafen und nicht mitten in der Nacht mit jener typischen alkoholisierten Unruhe aufzuwachen. Eine Zeit, in der man mehr arbeitet als zuvor und sich freut, dass die Wochenenden plötzlich so lang erscheinen. Eine Zeit, in der man merkt, dass man plötzlich deutlich mehr Geld auf dem Konto hat, weil man nicht mehr so viel Taxi fährt und auch sonst nicht mehr die Sachen anstellt, die man an Wochenenden so anstellte. Eine Zeit, in der man merkwürdig empfänglich wird für die Schönheit der äußeren Welt, für das tiefe Blau eines Sommerhimmels und das kühle Wasser eines Sees, für die abgedrehten Farben der Parkbäume im Herbst und die klirrende Frische einer Schneelandschaft.

Wochen- und monatelang fühlt man sich so, als hätte man am Knopf eines alten Farbfernsehers gedreht und den Schwarzweißfilm seines Lebens in eine Technicolor-Extravaganza verwandelt. In mancher Hinsicht ist die »rosa Wolke« nichts weiter als ein nicht enden wollendes Gefühl des Wunders, dass ein Leben jenseits der Trinkwelt von Bars, Clubs, Sofa und Supermarktregalen tatsächlich möglich ist, des Wunders einer Welt, die plötzlich so viel größer geworden ist, eines Lebens, das jenseits aller Vorstellungskraft gelegen hatte.

Ich hatte eine herrliche »rosa Wolke«, eine wirklich grandiose Zeit. Jedem, der mich fragt, bestätige ich das. Sie dauerte etwas länger als ein halbes Jahr, und ich möchte sie nicht missen. Ich habe viel gelesen, bin viel verreist und habe nächtelang mit Freunden in Cafés gesessen und mich darüber unterhalten, wie es ist, nichts zu trinken. Ich habe wochenlang von Espresso, Mineralwasser und Zigaretten gelebt, kaum etwas gegessen, bis ich irgendwann auch das Rauchen aufgab, jeden Morgen artig ins Fitnessstudio marschierte, meinen damaligen Freund kennenlernte und dachte, jedes meiner Probleme gelöst zu haben. Ich hatte einen gut bezahlten Job, eine Beziehung, und ich fühlte mich wieder attraktiv.

Aber Pink ist auch eine undankbare Farbe, denn sie basiert auf einer sehr partiellen Wahrnehmung. Solange man sich in seiner »rosa Wolke« befindet, ist man noch in der Lage, alles auszublenden, was einem nicht passt, selbst die extremsten Gefühle von zwei Stunden zuvor. Man glaubt, dass die ersten überstandenen Prüfungen, all die Situationen, in denen man nicht getrunken hat, schon alle Prüfungen gewesen sind. Man meint, ungeheuer stark zu sein. Die »rosa Wolke« ist eigentlich nichts anderes als eine massive, narzisstische Hochwetterlage.

Dabei ist man noch nicht einmal nüchtern durch die Jahreszeiten gegangen, durch den Rhythmus der Feste, durch den unendlich lang erscheinenden Winter, durch den kollektiven Aufruhr bei den ersten warmen Sonnenstrahlen, durch das Gefühl, die Sommermonate zu wenig zu nutzen, durch die herbstliche Gewissheit im Angesicht des verstreichenden Jahres, zu wenig aus seinem Leben gemacht zu haben, und durch die mitunter schmerzhafte Einsamkeit, wenn man zur Weihnachts- und Neujahrszeit immer noch ohne Partner ist. Man hat auch die wirklichen Prüfungen noch nicht durchlebt, die in jedem nüchternen Leben auf einen zukommen: Die Erkenntnis zum Beispiel, dass es nicht die äußerlichen Dinge sind – der Job, die Beziehung oder das Aussehen –, die einem jenes Gefühl von Sicherheit und Ruhe geben, das man schon immer wollte. Oder die Tatsache, dass man nur nüchtern bleiben kann, wenn man wirklich an sich arbeitet. Und schließlich gibt es noch die ganz großen Dinge, die einen, wenn man nicht aufpasst, schnell aus der Bahn werfen: eine Trennung, der Verlust eines Jobs oder der Tod eines nahestehenden Menschen.

Ich weiß nicht mehr genau, wann ich zum ersten Mal ahnte, dass meine Vision vom Leben eigentlich viel zu klein und zu begrenzt war, dass mein Leben niemals den Weg einschlagen würde, den ich mir ausgedacht hatte. Es hat jedenfalls mindestens ein Jahr gebraucht, bis ich die Sache ein wenig klarer sah. Ein Jahr – 365 Tage, nur für heute gelebt, nur von Tag zu Tag – ist eine lange Zeit.

Es kann sehr viel schwieriger sein, nüchtern zu bleiben, als man dachte, wenn die »rosa Wolke« und die letzten postakuten Entzugserscheinungen vorbei sind. Nachdem wir ein halbes Jahr zusammen waren und angefangen hatten, darüber nachzudenken, wie es wäre, zusammenzuziehen, trennte sich mein damaliger Freund von mir. Es war klar geworden, dass wir beide zu sehr etwas wollten, das nicht wirklich da war, und irgendwann stand nur noch das Rätsel im Raum, warum wir eigentlich zusammen waren. Ein paarmal kam mir damals in den Sinn, wie wohltuend jetzt eine Flasche Chianti wäre, oder zwei. Stattdessen fing ich wieder mit dem Rauchen an. Ein paar Monate später begann eine Freundin, die nüchtern gewesen war, wieder mit dem Trinken und nahm sich bald darauf das Leben. Sie war einer der talentiertesten und auch erfolgreichsten Menschen gewesen, die ich kannte. Kurz danach starb eine Freundin, mit der ich Weihnachten gefeiert hatte, an Krebs.

Den stärksten Trinkwunsch verspürte ich, als ich meinen Job verlor. Als bei der Monatszeitschrift, bei der ich drei Jahre lang gearbeitet hatte, ein neuer Chefredakteur den alten, der mich eingestellt hatte, ablöste und Umstellungen im Redaktionsteam vornahm, fühlte sich das zunächst wie ein unglaubliches Scheitern an. Ich sah so gut wie keine Zukunftsperspektive. Das Bedürfnis nach Rotwein überkam mich schlagartig, nachdem ich beim Mittagessen von meiner Kündigung erfahren hatte. Ich war selbst überrascht, wie stark dieser Wunsch war, er erfüllte meinen ganzen Körper, kitzelte sich von meinen äußersten Gliedmaßen ins Innere, durchströmte jedes Äderchen. Die Vorstellung, etwas zu trinken, versprach schlichtweg Vergessen, versprach, das Geschehene ungeschehen zu machen.

Anstatt zu trinken, rief ich einige AA-Freunde an. Dann

besuchte ich eine andere Freundin, legte mich auf ihr Sofa und verbrachte dort ein paar Stunden, ehe wir zusammen zu einem Meeting gingen. Erst ein paar Tage später, als ich mich von einem Anwalt beraten ließ, wurde mir deutlich, dass der Verlust dieser Arbeitsstelle auch eine riesige Chance war: die Chance, einen Job hinter mir zu lassen, den ich vor allem des Geldes wegen gemacht hatte und mit dem ich mich nie richtig identifizieren konnte, der mir manchmal sogar peinlich war. Die Chance, etwas zu machen, das mir mehr entsprach. Auch wenn das erst einmal bedeutete, mit weniger Geld auszukommen.

Nachdem man in seiner »rosa Wolke« kaum je einen Gedanken an einen möglichen Rückfall verschwendet hat, nach Monaten, in denen man es für die absurdeste Sache der Welt hält, je wieder ein Glas in die Hand zu nehmen, sind solche Momente des Trinkwunsches schockierend. Sie haben etwas Unheimliches, sie sind Teil einer Obsession, von der man glaubte, dass sie schon lange hinter einem läge. Es ist so, als hätten sich gerade in extremen Lebenssituationen, wenn man ohnehin am empfindlichsten ist, die synaptischen Verdrahtungen im eigenen Gehirn gegen einen verschworen. Auf diesen absurden Autopiloten muss man vorbereitet sein, um das Ruder wieder rechtzeitig in die Hand nehmen zu können.

Zwei Dinge haben mir in diesen kritischen Situationen am meisten geholfen: Zum einen habe ich mit anderen Menschen gesprochen, die ebenfalls nicht mehr trinken, und so verstanden, dass sich in meinem Kopf gerade etwas überaus Gefährliches abspielt. Bei AA sagt man oft, dass alle manchmal wahnsinnig sind, aber zum Glück niemals zur gleichen Zeit. Es findet sich fast immer jemand, der in der Lage ist, genau das zu sagen, was einen beruhigt.

Zum anderen habe ich in diesen Situationen immer auf ein sehr bewusstes Gedankenexperiment zurückgegriffen, einen Realitätscheck, bei dem ich im Grunde durchspiele, was passieren würde, wenn ich tatsächlich eine Flasche aufmachte: Ich würde das erste Glas trinken, langsam, jeden Schluck genießend. Um das gute Gefühl, das allmähliche Vergessen auszukosten, würde ich noch ein zweites haben wollen, das ich wahrscheinlich schon etwas schneller trinken würde. Vom zweiten zum dritten und vom dritten zum vierten Glas wäre es dann jeweils nur ein kleiner Schritt. Vielleicht würde es ein paar Wochen oder Monate gut gehen, aber eines Abends würde ich in jedem Fall an den Punkt kommen, an dem es kein Halten mehr gäbe. Es würde erst ein Abend sein, an dem ich anfange, den Wein wie Mineralwasser herunterzustürzen, dann käme bald die zweite Nacht, in der ich die Flasche nicht mehr aus der Hand gäbe, zum Wodka wechselte und mir irgendwo vielleicht etwas Koks besorgte. Von der Bar ginge es in einen Club, von da vielleicht noch mit jemandem nach Hause. Ich würde es vielleicht zu mir schaffen, vielleicht auch nicht. In jedem Fall würde ich mich übergeben, bevor ich schlafen ginge. Und wenn ich aufwachte, noch einmal. Ich würde panisch meinen Körper nach Verletzungen absuchen, in meinem Portemonnaie nachschauen, ob ich einhundert oder zweihundert Euro für Drinks, Taxis und Drogen ausgegeben hätte, Aspirin in mich hineinschütten und wieder ausspucken, weil der Magen noch nicht bereit dazu wäre, würde das Badewasser einlaufen lassen. In der Badewanne würde ich die Augen schließen und versuchen, das, woran ich mich nicht mehr erinnerte, zu rekonstruieren, und das zu vergessen, woran ich mich erinnerte.

Man muss es schaffen, in solchen Momenten, in denen einen plötzlich der Wunsch zu trinken überkommt – in der Regel sind es nur ein paar Sekunden –, ehrlich mit sich zu sein. Es ist nie bloß das eine Glas Wein, das man möchte. Durchzuspielen, was letztlich passieren würde, wenn man dieses erste Glas tatsächlich tränke, unterstützt die Wahrheitsfindung.

Was man im ersten Jahr seiner Nüchternheit unter anderem mit Hilfe solcher Bewältigungsstrategien lernt, ist der Respekt vor der eigenen Krankheit, der Respekt vor solchen Episoden alkoholkranken Wahnsinns. Man versteht etwas Grundsätzliches über sich selbst, wenn die »rosa Wolke« verflogen ist: Du hast diese Krankheit, wirst sie für immer haben, und das bedeutet, dass du deinem Kopf einfach nicht trauen kannst, wenn sich deine Gedanken um Alkohol drehen.

Das Leben ist immer klüger als man selbst. Irgendwann ist dieses neue Leben ohne das Trinken, das man sich früher nie vorstellen konnte, einfach da. Und es ist ein schönes Leben, trotz aller Unsicherheiten und Rückschläge, mit einer Klarheit der Wahrnehmung, die man zuvor nicht kannte, mit einer Freiheit, die einem nicht möglich erschienen war, mit einer Offenheit, von der man nie wusste, dass sie sich so gut anfühlt.

Befolgt man den Plan, von Tag zu Tag und jeweils nur für heute zu leben, lässt man sich automatisch mehr und mehr nieder in diesem neuen Leben. Man lernt, sich weniger von Zukunftsängsten oder Scham- und Schuldgefühlen bestimmen zu lassen. Man lernt, dass man sein Selbst nicht mehr hinter einem chemischen Schleier zu verbergen braucht. Man akzeptiert, dass man nicht auf alles eine Antwort hat und dass es einem besser geht, wenn man auf eine Reihe unhinterfragter Vorstellungen, Erwartungen und Urteile verzichtet. Man akzeptiert, dass kein Leben nur schön sein kann, dass man, wenn man Glück will, manchmal auch durch den Schmerz muss.

Es braucht Zeit, all das wiederzugewinnen, was man verloren hat, während man mit dem Trinken kämpfte. Vertrauen zu Menschen wieder aufzubauen braucht Zeit, sich zu ändern braucht Zeit, das Heilen alter Wunden braucht Zeit. Es gibt keine sofort wirksamen Lösungen für irgendetwas. Man braucht auch Zeit, um das zu verstehen.

Es dauerte, wie gesagt, mindestens ein Jahr, Tag für Tag, bis ich dem Gefühl traute, dass ich mich nicht aufs Trinken, auf meine alte Medizin, verlegen muss, wenn Dinge über mich hereinbrechen, mit denen ich erst einmal nicht umgehen kann. Es dauerte mindestens ein Jahr, bis ich die einfache Lektion lernte, dass diese Dinge zum Leben dazugehören und über kurz oder lang sowieso ohne alkoholische Hilfe angegangen werden müssten. Es hat auch mindestens ein Jahr gedauert, bis ich eine Ahnung davon bekam, dass sich alle Einzelteile in meinem Inneren, die, seitdem ich denken kann, immer auseinanderzudriften schienen, ganz langsam wieder neu zusammensetzten. Bis gewisse Ängste zu verschwinden begannen und ich allmählich eine Vorstellung davon erlangte, was es heißt, mit mir selbst leben zu können. Bis das Gefühl, die Realität so zu akzeptieren, wie sie in einem bestimmten Moment ist, mehr als bloß ein paar Sekunden anhielt. Und bis ich wirklich verstand, dass mein Leben nun irgendwie neu zu beginnen schien und dass ich einfach nicht wissen kann, wohin es mich führen wird.

DIE GROSSE ANGST

Menschen haben die Suche nach Glück seit jeher mit der Suche nach dem Vergessen verwechselt. Sich zu betrinken oder bewusstseinsverändernde Substanzen einzunehmen ist weder ungewöhnlich noch unnatürlich oder subversiv. Es ist die gesellschaftliche Norm. Eine Norm, die sich durch die Geschichte zieht. Intoxikation, berichten Historiker wie Richard Davenport-Hines, ist eine anthropologische Konstante. In Gesellschaften, in denen Alkohol aus bestimmten Gründen nicht populär war, wurden stattdessen andere Drogen geschluckt, inhaliert oder injiziert. Schon die alten Ägypter brauten Bier und hatten sogar ein Papyruskochbuch mit über 700 Rezepten für die Verwendung von Opium. Und es gab schon immer einen beträchtlichen Anteil von Menschen, die mit den jeweiligen Drogen nicht umgehen konnten, die irgendwann die Kontrolle über ihre Gewohnheiten verloren und dafür mit ihrer psychischen und körperlichen Gesundheit, manchmal auch mit ihrem Leben bezahlten. Monarchen wie George IV. waren darunter, Päpste wie Leo XIII., Politiker wie Benjamin Franklin, Otto von Bismarck oder Winston Churchill, Wissenschaftler wie Thomas Edison, Künstler wie Vincent van Gogh. Alkohol und Drogen waren schon immer ein Ausweg für Menschen, die traurig, gelangweilt oder wütend waren. Eine Möglichkeit, widrige Lebensrealitäten besser zu ertragen oder sich einfach nur gegen eine unsichere Zukunft zu wappnen. Die Flucht ins Vergessen ist ein ausgesprochen menschlicher Impuls.

Seit ich mit dem Trinken aufgehört habe, kommen viele Bekannte und Freunde auf mich zu, um mit mir über ihr eigenes Trinken oder das ihrer Partner und Angehörigen zu sprechen. Im Allgemeinen gehe ich sehr gerne darauf ein. Ich habe den Eindruck, dass es noch lange dauern wird, bis man in Deutschland unverkrampft über Alkoholismus sprechen kann, obwohl das für einige von uns lebenswichtig wäre. Die Regung, die bei diesen Gesprächen am stärksten in den Vordergrund tritt, ist Angst. Die Angst, dass man die Beziehung zum trinkenden Partner verliert, dass ein nahestehender Mensch sich etwas antun könnte, und die Angst, möglicherweise selbst in die Abhängigkeit zu geraten.

Ich glaube, dass gerade die Angst, selbst abhängig zu werden, erstaunlich viele Menschen umtreibt – in Form intensiver Schuld- und Schamgefühle nach durchfeierten Nächten, in Form eines schleichenden Verdachts angesichts jahrelanger Trinkgewohnheiten, manchmal auch in Form eines sich selbst noch nicht eingestandenen Wissens, dass man schon längst ein Alkoholproblem hat. Und für die wenigsten Menschen gibt es eine Möglichkeit, diese Ängste auszudrücken.

Mitunter nehmen diese Angst-Gespräche leicht absurde Formen an. Jedes Jahr im Februar etwa kann ich fest damit rechnen, dass einige meiner trinkenden Freunde und Bekannten mit mir über ihre Pläne sprechen möchten, zur Fastenzeit auch mal eine Auszeit zu nehmen. Ich kann das natürlich nur begrüßen, wenngleich ich denke, dass man, um ein paar Wochen ohne Alkohol durch das Leben zu gehen, nicht unbedingt die Erlaubnis eines Geistlichen braucht. Aber das sage ich nicht laut. Ich finde es gut, wenn man seinen Alkoholkonsum mäßigen kann. Und wenn die Fastenzeit als ein weitgehend akzeptierter und unverdächtiger Anlass für eine Trinkpause dient, nur zu. Der Grund, warum ich zu dem Thema sonst wenig zu sagen habe, besteht darin, dass ich solche Trinkpausen früher auch gemacht habe, dass sie mir über ein kurz- und mittelfristiges Gefühl der Kontrolle hinaus nie wirklich etwas gebracht haben und dass ich langfristig trotzdem einfach immer mehr trank. Im Nachhinein habe ich den Eindruck, dass sie kein Zeichen für Kontrolle waren, sondern im Gegenteil eines für meinen zunehmenden Kontrollverlust. Meistens signalisieren sie, dass man nicht mehr »normal« trinkt, was auch immer das heißt.

Noch immer wissen zu wenige Menschen, dass sich die biochemische und zellulare Struktur des Belohnungszentrums im Gehirn schon bei regelmäßigem Konsum verhältnismäßig geringer Mengen Alkohols nachhaltig verändert. In den vergangenen zehn bis fünfzehn Jahren hat man bei der Erforschung der neurobiologischen Auswirkungen des Trinkens große Fortschritte gemacht, wenn auch noch bei weitem nicht genug. Lange galt Abhängigkeit primär als ein körperliches Phänomen – als eine Krankheit, die sich in gefährlich hohen Leberwerten äußert, in Problemen der Bauchspeicheldrüse und vor allem in Entzugserscheinungen wie Delirium tremens. Heute weiß man, dass es in den meisten Fällen schon zu spät und die Abhängigkeit weit fortgeschritten ist, wenn die Leberwerte besorgniserregend sind. In der Medizin setzt sich mehr und mehr ein Paradigmenwechsel durch. Alkoholismus wird heute zunehmend als eine neurologische Krankheit verstanden. Abhängigkeit wird, einfach ausgedrückt, als eine Form des Lernens interpretiert, die auf fatale Weise fehlgeschlagen ist. Bei einigen von uns führt gewohnheitsmäßiges Trinken zur Knüpfung von ähnlich dauerhaften und ähnlich starken neuronalen Verbindungen wie das Fahrradfahren. Es läuft weitgehend unbewusst ab.

Einen besonders nachhaltigen Effekt haben die Ethanol-Moleküle auf den Nucleus accumbens, eine Kernstruktur im Vorderhirn, die oft auch das »Belohnungs-« oder »Lustzentrum« genannt wird. Im Nucleus accumbens befinden sich Nervenzellen mit Rezeptoren für den Neurotransmitter Dopamin, deren Stimulierung bei uns Glücksgefühle hervorruft. Dopamin ist einer von vielen Botenstoffen, die im Gehirn die Aufgabe haben, Informationen zwischen Nervenzellen zu übertragen. Während bei Drogen wie Kokain, Amphetaminen und Opiaten relativ klar ist, dass sie die Übertragung des Dopamins zwischen den Nervenzellen fördern und so für Hochgefühle sorgen, ist die Situation beim Alkohol komplizierter. Durch verschiedene Prozesse, die noch nicht völlig geklärt sind, erhöht seine Präsenz im Gehirn die Produktion der körpereigenen Luststoffe Endorphin und Endocannabinoid und enthemmt so die Dopaminübertragung zwischen den Nervenzellen. Dadurch kommt es aber auch zu einer Art Kettenreaktion mit noch weitreichenderen Konsequenzen. Alkohol kann daher eine sowohl anregende als auch beruhigende Wirkung auf uns haben.

Der Nucleus accumbens ist durch Nervenbahnen mit Zellen in allen Bereichen des Gehirns verbunden. Diese zentrale Position des Lustzentrums hat vor allem evolutionäre Gründe, sie sorgt für die Lustbesetzung von Nahrungsaufnahme und Fortpflanzung. Das Lustzentrum kann so auch an andere Regionen des Gehirns Signale zur Freisetzung von Neurotransmittern senden. Zur Amygdala etwa, dem doppelten Mandelkern des limbischen Systems, der Erregungen wie Furcht, Aggression und Teile unserer Sexualität regelt. Oder zum anterioren cingulären Cortex, der den Gehirnbalken umschließt und autonome Funktionen wie Blutdruck und Herzfrequenz sowie Belohnungserwartungen, Empathie und

Emotionen reguliert. Der Nucleus accumbens nimmt zudem Einfluss auf die Kerngebiete der Basalganglien in seiner direkten Nachbarschaft unterhalb der Großhirnrinde. Sie sind für unsere Affekte, unsere Willenskraft, unseren Antrieb und die Entstehung unserer Gewohnheiten verantwortlich. Auch der Hippocampus im Temporallappen, die zentrale Schaltstation des limbischen Systems, ist betroffen und mit ihm unsere Fähigkeit, uns an bestimmte Fakten und Geschehnisse zu erinnern. Und schließlich wird bei Alkoholkonsum auch der präfrontale Cortex in Mitleidenschaft gezogen, jener Teil des Frontallappens der Großhirnrinde, der emotionale Bewertungen des Geschehenen und unsere Handlungsplanung kontrolliert.

All diese Verbindungen zwischen dem Lustzentrum und den anderen Bereichen des Gehirns sorgen für die außerordentlichen – schönen wie tragischen – Begleiterscheinungen des Trinkens. Sie verknüpfen die beim Trinken erfahrene Lust mit bestimmten Assoziationen und Gefühlen. Sie geben Erinnerungen an Blicke, Geräusche und Gerüche eine soziale Bedeutung. Und sie sorgen dafür, dass wir diese Erfahrung unbedingt wiederholen möchten.

Aber je öfter wir diese Erfahrung wiederholen, desto stärker gewöhnen sich unsere auf Effizienz bedachten Gehirne daran. Sie kreieren Gewohnheiten, lassen diese immer automatischer funktionieren und entziehen sie zunehmend dem Zugriff unseres Bewusstseins. Regelmäßiges Trinken sorgt für eine lang anhaltende »Neuverdrahtung« des Gehirns und damit für eine langsame Veränderung der Persönlichkeit. Konkret heißt das, dass Alkohol die Balance aus Botenstoffen im Gehirn nachhaltig stört und auch die Nervenzellen selbst transformiert, besonders die im Nucleus accumbens.

Ein Beispiel für diese Neuverdrahtung sind die sogenannten *spiny neurons*. So wird die Hauptgruppe der sich im Lustzentrum befindenden Nervenzellen bezeichnet. Am besten ließe sich der Name mit »Stachelneuronen« übersetzen. Die langgezogenen Zellkörper haben eine Reihe von »Stacheln«, die mit Dopaminrezeptoren besetzt sind und sich als synaptische Verbindungen zu anderen Nervenzellen anbieten. Gewohnheitsmäßiges Trinken sorgt unter anderem für einen Überwuchs dieser *spiny neurons*. Sie werden immer länger und bekommen immer mehr »Stacheln« – als Reaktion auf die vom Alkohol veränderte neurochemische Balance im Gehirn und die erhöhte Konzentration bestimmter Neurotransmitter. Dieser Überwuchs – zusätzlich zu einer Reihe anderer, noch weniger erforschter Prozesse – trägt im Wesentlichen dazu bei, dass es im Laufe der Zeit auch zu einer stetig wachsenden Toleranz gegenüber Alkohol kommt. Deswegen denkt und fühlt man sich auch nicht anders, wenn man sein Trinken über die Jahre steigert. Man folgt lediglich der biochemischen Logik des Gehirns. Ohne bewusstes Intervenieren ist dieser schleichende Prozess das Natürlichste von der Welt. Denn das Gehirn sagt trotz der Steigerung des Konsums: Hier hat sich nichts verändert, das fühlt sich an wie immer. Der Weg vom Gelegenheits- zum Gewohnheits- zum Problemtrinken ist daher meistens viel kürzer, als man annimmt.

Diese Prozesse sind weitestgehend irreversibel. Auch wenn man zu trinken aufhört, bleiben die entstandenen zellularen Strukturen bestehen. Ein Leben lang. Man verlernt sie nicht, wie man eben auch das Fahrradfahren nicht verlernt. Deshalb müssen auch Menschen, die man kaum als Alkoholiker bezeichnen würde, bewusste Anstrengungen unternehmen, um ihren Alkoholkonsum zu reduzieren, wenn sie ihr Gehirn einmal an eine regelmäßige Zufuhr gewöhnt haben. Sie lieben das Trinken mehr als andere Menschen. Die aufgebaute Toleranz kippt einfach in eine verstärkte Sensibilität um. Auf das erste Glas nach einer Trinkpause wird jemand mit einer derart veränderten Neurobiologie sehr viel stärker reagieren als jemand, der Alkohol nicht gewohnheitsmäßig konsumiert hat. Jedes Mal, wenn ich früher eine Weile nicht getrunken habe, kamen die ersten Drinks danach einer Offenbarung gleich. Vielen meiner während der Fastenzeit nicht trinkenden Freunde und Bekannten dürfte es zu Ostern ähnlich gehen, wenn sie sich für ihre Abstinenz belohnen.

Die Angst davor, in die Abhängigkeit zu rutschen, die Kontrolle über seinen Selbstbesitz zu verlieren und die damit verbundene soziale Ausgrenzung zu erfahren, hat also einen ziemlich realen, neurobiologischen Hintergrund. Wenn heimliche Ängste von vielen Menschen einer Bevölkerungsgruppe geteilt werden, multiplizieren sich ihre Effekte. Verschiedene Gemeinschaften gingen und gehen anders mit ihren jeweiligen Ängsten um, aber generell werden kollektive Ängste nur selten auf eine rationale Weise bearbeitet. Der Kulturwissenschaftler Hartmut Böhme zum Beispiel geht davon aus, dass menschliche Ängste schon immer kulturell überformt wurden, dass sie zu ästhetischen Phänomenen gemacht oder mit anderen kollektiven Gefühlen diszipliniert oder betäubt wurden. Ängste werden von Gemeinschaften generell selten verstanden, sondern in kulturspezifischen Bewältigungsmustern »verkörpert«.

Eine solche Verkörperung ist meinem Eindruck nach auch unser öffentlicher Umgang mit den Folgen des Trinkens und der reellen Gefahr der Abhängigkeit. Jede einzelne unserer Diskussionen über diese Krankheit in den vergangenen Jahren – ob nun nach dem Skandal um den alkoholkranken stellvertretenden CDU-Fraktionsvorsitzenden Andreas Schockenhoff und seinen 2,3-Promille-Unfall mit Fahrerflucht oder nach dem denkwürdigen Auftritt der betrunkenen Schauspielerin Jenny Elvers in einer NDR-Talkshow – hatte den Tenor, dass nicht wir es sind, die ein Alkoholproblem haben könnten, sondern die anderen. In der medialen Auseinandersetzung mit dem Thema tendieren wir dazu, alles Beängstigende daran symbolisch auszulagern. Die anderen sind die Gefährdeten – die Politiker, die Schauspieler, die Künstler und Schriftsteller, die Celebrities und Partygirls. Nicht wir. Und diese anderen trinken so unvorstellbar große Mengen Alkohol, dass wir mit unseren paar abendlichen Gläsern nicht einmal ansatzweise betroffen sein können. Sie sehen zudem meistens aus, als seien sie von der Sucht gezeichnet. Sie haben permanent Rückfälle und führen insgesamt eine recht traurige Existenz.

Die mediale Inszenierung scheint dabei immer den gleichen Regeln zu folgen. Vor ein paar Jahren sprach zum Beispiel die dänische Schauspielerin Brigitte Nielsen im RTL-*Dschungelcamp*, der populärsten TV-Show des Landes, ziemlich durchgedreht, aber nicht unsympathisch über ihre Abhängigkeit und betete mehr sich selbst als den anderen die Weisheiten vor, die sie in Entzugskliniken und Selbsthilfegruppen gelernt hatte. Wenn man genau hinhörte, verbarg sich dahinter ein ziemlich kluger Plan, die eigenen Dämonen zu akzeptieren und auch in der Ausnahmesituation des Reality-TV irgendwie bei sich selbst zu bleiben. Allerdings stand dieser Plan in einem offensichtlichen Widerspruch zu den Selbsterniedrigungsriten, denen sich die Dschungelgladiatoren im Fernsehkolosseum unterwarfen. Nielsen galt ohnehin schon als eine One-Woman-Freakshow, ihr Versuch der Alkoholabstinenz wurde als ihr neuester Variety-Act wahrgenommen.

Kurze Zeit später wurde Jenny Elvers zur neuen Protagonistin der öffentlichen Suchtoper gemacht. Vier Monate nach ihrem traurigen Talkshow-Auftritt präsentierte sie sich geläutert und in jungfräulichem Häkelweiß auf der Titelseite der *Gala* und in der RTL-Dokumentation *Die Alkoholbeichte! Jenny Elvers – die ungeschminkte Wahrheit*. Seither ist sie eine stete Präsenz in den Boulevardmedien des Landes und im Fernsehen. Als freizügiges, aber apathisch dreinschauendes Alkoholopfer brachte sie es sogar zum Sieg der Sat1-Reality-TV-Show *Promi Big Brother*. »Siegerin der Schmerzen« titelte damals der *Stern* und schrieb: »Selten tut Fernsehen so weh.«

In der Endphase ihres Trinkens, dieser Hinweis fehlt in keinem Bericht über Elvers, bei keinem Talkshow- oder Fernsehauftritt, habe sie eine Flasche Wein, eine Flasche Sekt und eine Flasche Wodka am Tag gebraucht, um durchs Leben zu kommen. An die dreißig Flaschen Alkoholisches habe sie an verschiedenen Stellen ihres Hauses versteckt, um sicherzugehen, dass ihr dabei niemand in die Quere kommt. Die Ärzte in der von ihr aufgesuchten Entzugsklinik in Bad Brückenau hätten ihr noch eine Lebenserwartung von sechs bis acht Wochen eingeräumt.

Die Choreographie der Suchtbeichte ist uns inzwischen allen vertraut. Prominente wie Lindsay Lohan oder Britney Spears haben sie vorgemacht. Mit dramatischer Schonungslosigkeit werden frühere Vergehen aufgelistet, ehe mit anrührendem Ernst beteuert wird, dass man sein Leben geändert hat. Häufig sind es Frauen, die diese Suchtbeichte ablegen. Nicht selten sind sie blond, und ihre Karrieren beruhen auf einer gewissen sexuellen Freizügigkeit. Oft hat man den Eindruck, dass sie das Spiel der öffentlichen Zurschaustellung und des Ausverkaufs ihres Ichs nicht wirklich bewusst spielen und dass es sich bei ihrem Drang, sich vor die Kameras dieser

Welt zu stellen, um eine Form kindlich anmutender Anerkennungssuche handelt.

Für Männer stellen sich die Spielregeln in der öffentlichen Inszenierung der Alkoholkrankheit immer noch etwas anders dar. Ihnen kann die Rolle eines tragischen Pausenclowns angetragen werden (man denke etwa an eine Gestalt wie Harald Juhnke), die des unverbesserlichen, frauenaufreißenden Kumpels (Charlie Sheen fällt in diese Kategorie) oder die des trinkfesten, bourgeoisen Lebemanns und Epikureers (denken Sie an Franz Josef Strauß). Öffentlich wird Alkoholismus, obwohl unter Männern weiter verbreitet als unter Frauen, feminisiert. Echte Männer, so das dahinterliegende Vorurteil, trinken vielleicht oft einen über den Durst und treten mal in den einen oder anderen Fettnapf, aber deswegen sind sie nicht gleich Alkoholiker. Männer können trinken. Frauen nicht.

Männer, die nicht mehr trinken und in der Öffentlichkeit sogar bewusst gegen die Bagatellisierung von Abhängigkeit kämpfen, müssen daher zur Kompensation dieser Feminisierung immer auch zu hypermaskulinen Helden stilisiert werden, zu aufrechten Ausnahmeerscheinungen, die so knallhart trocken geworden sind, wie sie gefeiert haben. So ist zum Beispiel kein Artikel über den sympathischen einstigen Fußballprofi und Nationalspieler Uli Borowka zu lesen, der nicht darauf hinweist, dass Borowka »trotz seiner Alkoholeskapaden als einer der besten deutschen Verteidiger seiner Zeit galt« und dass er »am Ende am Tag einen Kasten Bier, eine Flasche Wodka, eine Flasche Whisky und zum Abschluss noch Magenbitter« getrunken habe. Was für ein Mann, so der Subtext dieser Berichterstattung. Und außerdem: Wenn Sie nur einen Kasten Bier am Tag trinken und auch kein Profifußballer sind, brauchen Sie sich keine Sorgen zu machen.

Die Geschlechtercodes der Abhängigkeit und die grundsätzliche Annahme, dass es die anderen und nicht wir sind, die zu viel trinken, bleiben auch dann erhalten, wenn sich eine rationalere Diskussion um das Trinken abzeichnet. Als Andreas Schockenhoff sich nach seinem Autounfall aus der Politik verabschiedete und einwilligte, eine Entzugsklinik aufzusuchen, entbrannte in Deutschland kurz eine Debatte über den starken Alkoholkonsum im Politikbetrieb. Sie beschränkte sich allerdings im Wesentlichen auf die These, dass Politiker besonders gefährdet seien. Kein Sommerfest, kein parlamentarischer Botschafts-, Lobby- oder Verbandsabend, bei dem es nicht reichhaltig zu trinken gäbe, hieß es oft. Hinzu komme die permanente Anspannung, die der Beruf mit sich bringe – der Termindruck, die stetigen Angriffe politischer Gegner, die Beobachtung der Medien. Das alles trifft sicherlich zu. Doch mit keinem Wort wurde erwähnt, dass Andreas Schockenhoff krank war, dass er eine ganz gewöhnliche Krankheit hatte. Und dass wir trotz allem, was wir über die möglichen Gefahren von Alkohol wissen, ganz selbstverständlich von Politikern erwarten, dass sie trinken wie wir.

In Deutschland ist dieses Phänomen ausgeprägter als anderswo. Trinkfestigkeit gilt bei uns bis heute als ein Zeichen von Bodenhaftung, Männlichkeit und Führungspotential, selbst wenn man wie Gerhard Schröder nur sehr, sehr teuren Barolo trinkt. Von jedem Kommunal-, Landes- und Bundespolitiker existiert mindestens ein joviales Foto, auf dem ein Bierglas im Zentrum steht. Andreas Schockenhoff war folglich mehr als der zu bedauernde Kollateralschaden eines schwierigen Betriebs, zu dem ihn die damaligen Betroffenheitsberichte machten. Er war auch das Produkt der kollektiven Auffassung, dass es sich einfach gehört, zu trinken, solange wir nur hart genug im Nehmen sind.

Ich habe nie so viel getrunken wie Jenny Elvers oder Uli Borowka, nicht einmal ansatzweise so viel, um ehrlich zu sein. Die Alkoholmengen, die sie konsumiert haben, wären für mich völlig unvorstellbar gewesen, und ich habe gerne und viel getrunken. Auch bei den wenigsten meiner nüchternen Freunde ist es jemals so viel gewesen. Die meisten Abhängigen kommen nicht einmal in die Nähe des Konsums solcher extremen Mengen. Auch musste ich zum Glück nie in eine Entzugsklinik. Ich kenne außerdem nur wenige Abhängige, die das wirklich mussten. Ich hatte keine klassischen körperlichen Entzugserscheinungen – jenes oft beschriebene Schwitzen und Zittern, jene Schmerzen, die nächtelange Schlaflosigkeit, das Erbrechen und die Kreislaufprobleme. Als ich mit dem Trinken aufhörte, hatte ich einen Kater am nächsten Tag. Dem Großteil der nüchternen Menschen, die ich kenne, ging es genauso.

Jedes Mal, wenn Figuren wie Elvers in den Medien porträtiert werden, macht mich das unfassbar traurig. Nicht nur, weil sie und ihre Krankheit instrumentalisiert werden. Es muss auch über alle Maßen schwierig sein, sich mit gerade mal drei Monaten wackliger Nüchternheit vor eine laufende Kamera zu setzen, des Geldes wegen. Es muss ungeheuer wehtun, sich den Urteilen eines Publikums auszusetzen, das weitgehend ahnungslos ist, wenn es um Alkoholabhängigkeit geht. Es muss unglaublich hart sein, in den Abendnachrichten dem ganzen Land einzugestehen, dass man sein Leben durch das Trinken zerstört hat und nicht mehr weiterweiß – ein Eingeständnis, das man, wenn überhaupt, normalerweise nur gegenüber seinem intimsten Umfeld macht. Und schließlich muss es eine unvorstellbare Kraft erfordern, nüchtern zu bleiben und den so dringend notwendigen Respekt für sich selbst zurückzugewinnen, wenn man unter ständiger Beobachtung steht und die halbe Welt mit gezückten Kameras auf den Rückfall wartet.

Anthropologisch muss man unseren kollektiven Umgang mit alkoholkranken Prominenten als einen Modus der Angstbewältigung lesen, als den archaischsten und ältesten der Welt. Um die Dämonen und die furchteinflößenden Götter zu beschwichtigen, bringt man ihnen seit Menschengedenken Opfer dar. Wir scheinen diese öffentlichen Figuren zu brauchen, um so indirekt mit unserer Angst vor der Abhängigkeit umzugehen, um uns sagen zu können, dass wir nicht so extrem trinken, dass wir nicht so schlimm sind und genau deshalb in Ruhe weitertrinken dürfen. Wir brauchen sie, um uns abgrenzen zu können: Sie sind die Süchtigen, wir hingegen trinken höchstens mal einen über den Durst. Indem wir uns weigern, die Lebenswege dieser Prominenten als Manifestationen einer neurologischen Krankheit zu verstehen, schließen wir auch aus, dass wir selbst von dieser Krankheit betroffen sein könnten.

Statt unsere große Angst kollektiv auf diese Weise zu bewältigen, könnten wir einfach über die Realität von Alkoholismus sprechen. Und wenn wir dazu Celebrities brauchen, dann können wir uns an denen orientieren, die aus verschiedenen Gründen nüchtern durchs Leben gehen oder gegangen sind und dabei trotzdem ein recht gewöhnliches Leben führen oder führten. Vielleicht würden wir dann feststellen, dass die Angst, die wir spüren, weitgehend unbegründet ist, dass man sich mit dem Thema Abhängigkeit sehr wohl gelassen auseinandersetzen kann. Im Grunde vergeht keine Woche, in der nicht irgendein Prominenter irgendwo auf der Welt zugibt, dass er ein Alkoholproblem hat. Und es gibt eine große Gemeinschaft von Menschen, die darin nichts erkennen, für das man sich auf irgendeine Weise schämen müsste, von Menschen, die sich mit diesen Figuren identifizieren. Einige von ihnen – darunter etliche aus den Vereinigten Staaten und aus Großbritannien, einfach deshalb, weil dort eine offenere Gesprächskultur herrscht, wenn es um Abhängigkeit geht – seien an dieser Stelle namentlich aufgeführt: die Schriftsteller David Sedaris, Stephen King, Per Olov Enquist und Sam Shephard; die Schauspieler Bradley Cooper, Julie Delpy, Demi Moore, Alec Baldwin, Kristin Davis, Ewan McGregor, Tobey McGuire, Eddie Murphy, Gary Oldman, Natalie Portman, Tilda Swinton, Christina Ricci, John Travolta, Anthony Hopkins, Bruce Willis, Colin Farell, Samuel L. Jackson, Eva Mendes, Robin Williams, Jim Carrey, Jennifer Hudson, Daniel Radcliffe, Gerald Butler, Ben Affleck, Robert Downey jr., Tom Cruise, Martin Sheen und Denzel Washington; die Musiker Lana del Rey, Moby, Jennifer Lopez, Katy Perry, Eminem, Prince, David Bowie, Eric Clapton, Christina Aguilera, Elton John, Chris Martin, Frank Zappa, Ringo Starr, Tom Waits und Charlie Watts; die Modedesigner Marc Jacobs, John Galliano und Karl Lagerfeld; oder Naomi Campbell, Nicole Richie, Kelly Osbourne, Tyra Banks, Russell Brand, Cristiano Ronaldo und Steve Jobs.

Das nächste Mal, wenn Sie einen Bericht über Jenny Elvers sehen – oder über denjenigen, der gerade als Alkoholkranker du jour durchs mediale Dorf getrieben wird – und denken, dass so Alkoholismus aussieht, denken Sie an ein paar der hier aufgeführten Prominenten. Vielleicht kommen Ihnen Abhängigkeit und Nüchternheit dann wie das vor, was sie sind: etwas völlig und absolut Normales.

ALLEIN UNTER TRINKENDEN

Wenn mich Menschen fragen, warum ich nicht mehr trinke, sage ich meistens, dass ich früher zu viel getrunken hätte. Die Reaktionen sind oft von einer ganz erstaunlichen Ungläubigkeit geprägt. »Aber gar nicht mehr?«, ist dann zu hören, und: »Wirklich nie? Nicht mal ein Glas zum Essen?« Ich sage darauf meist im Scherz, dass ich glaube, noch nie in meinem Leben jemals nur »ein Glas zum Essen« getrunken zu haben. Was eher eine gefühlte als die ganze Wahrheit ist, denn in der Tat kann ich mich an ein paar Gelegenheiten erinnern, wo es bei jenem einen Glas blieb. Aber zumindest war es nicht das Glas, das mich interessiert hat, vor allem zum Schluss nicht.

Geht das Gespräch weiter, mache ich fast immer einen Witz darüber, wie dramatisch der Effekt wäre, würde ich jetzt trinken. In ein, zwei Stunden würde ich auf dem Tisch dort tanzen, sage ich etwa, was definitiv eine Lüge ist, oder dass der Zustand dieses oder jenes hochverkaterten Bekannten, der gerade zufällig in unserer Nähe ist, ein Dauerzustand für mich würde, was der Wahrheit schon eher entspricht. Dann lache ich so unbekümmert wie möglich, versuche das Thema zu wechseln und hoffe, dass das Gespräch damit vorbei ist. Meistens weiß ich dann schon, ob mein Gegenüber sich tatsächlich auf ein anderes Thema einlässt, ob er ernsthaft etwas über Abhängigkeit wissen möchte oder ob es schlichtweg Zeit ist, die Flucht zu ergreifen.

Fast alle Menschen trinken. Nicht immer und überall, aber sie trinken. In Bars, Clubs und Restaurants, auf Partys, bei beruflichen Get-Togethers, am Strand, im Biergarten und im Park, bei Geburtstagen, Hochzeiten, Oster-, Weihnachts- oder Neujahrsfesten, in der Stadt oder auf dem Land, bei Ein- und Ausständen oder teambildenden Maßnahmen im Büro, bei Business-Dinners, im Kino, in der Opernpause oder nach der Theateraufführung, im Urlaub auch schon mal zum Mittagessen, einige Menschen am Sonntag auch schon in der Frühe.

An wie vielen Orten und bei wie vielen Gelegenheiten Menschen Alkohol trinken, wird einem tatsächlich erst so richtig bewusst, wenn man es selbst nicht mehr tut. Alkohol ist omnipräsent. Der Weg vom Büro nach Hause ist für gewöhnlich von Bars und Kneipen gesäumt, das fein kalibrierte Layout der Supermärkte führt den Einkaufenden an meterlangen Wein- und Spirituosenregalen vorbei, an Bus- und U-Bahn-Haltestellen leuchten Plakatwände, die für Alkohol werben, kein Kinofilm kommt ohne die obligatorische Bierwerbung aus.

Und auch wenn neuerdings gelegentlich ein paar leise kritische Zwischentöne zu vernehmen sind, ist das Image von Alkohol in den Medien nach wie vor positiv besetzt. Oft wird er als etwas essentiell zum Leben Gehörendes dargestellt, mal als etwas Glamouröses, mal als etwas Männlich-Cooles. Egal, wie realitätsfern das auch ist. Zwei britische Mediziner etwa haben kürzlich – als nerdigen Witz für die Weihnachtsausgabe des *British Medical Journal* – die Romane von Ian Fleming und die auf ihnen basierenden *James Bond*-Filme unter wissenschaftlichen Gesichtspunkten untersucht. Sie fanden nicht nur heraus, dass James Bond ungefähr viermal so viel Alkohol zu sich nimmt wie empfohlen, sondern dass er mit seinem Konsum auch ein erhebliches Risiko eingeht, an Leberzirrhose zu erkranken und früh zu sterben. 007 ist genau genommen alkoholabhängig, körperlich nicht in der Lage, seiner Agententätigkeit nachzugehen, und mit ziemlicher Sicherheit impotent.

Für einen nichttrinkenden Menschen ist es unmöglich, Alkohol aus dem Weg zu gehen. Ich kann mich noch gut an die beiden großen Überraschungen erinnern, die die allerersten Wochen meiner Nüchternheit bestimmten. Früher hatte ich gedacht, alle oder zumindest zahlreiche Menschen würden bei den Festen und Eröffnungen, auf die ich ging, viel Alkohol trinken. Nun stellte ich fest, dass das nicht der Fall war. Zwar trifft es zu, dass alle trinken, es ist aber vielmehr eine bestimmte Gruppe, die sehr viel trinkt, ein Menschenschlag, den ich, nachdem ich aufgehört hatte zu trinken, immer noch sofort erkannte und dem ich mich intuitiv noch zugehörig fühlte. Die Mehrheit allerdings trinkt tatsächlich jenes eine Glas Wein, maximal zwei, und das ist alles. Diese Erkenntnis durchfuhr mich wie ein Schrecken: Es war also keineswegs normal, sich auf einer Pressereise zusammen mit einer Freundin nach ein paar gesponserten Flaschen Champagner in die Rabatten aus künstlichen Tulpen zu legen, die einige große Straßen Pekings säumen. Es war auch nicht normal, bei einem Abendessen nachts um drei in der Küche mit dem Lebenspartner des Gastgebers zu knutschen. Und wahrscheinlich hielten die meisten Menschen, sobald sie eine Party betraten, auch nicht Ausschau nach Leuten, die so aussahen, als hätten sie gerade etwas genommen und wären bereit, das Koks zu teilen. Ich hatte gedacht, nur die peinlichsten Tiefpunkte meines Betrunkenseins – von denen es weiß Gott eine Menge gab – wären die Ausnahme. Doch in Wirklichkeit trank die Mehrheit der Menschen, bis auf jene Mannschaft der aktiven Trinker, nicht so wie ich.

Die andere, fast noch größere Überraschung jener ersten Zeit bestand jedoch darin zu begreifen, dass ich Alkohol und die Menschen, die ihn trinken, als Teil meines Alltags akzeptieren musste, auch wenn ich das nicht wollte. Nicht einmal, wenn ich auf eine abgelegene Nordseeinsel ziehen würde, könnte ich dem Trinken entgehen. Alkohol gehört auf eine so unumstößliche Art und Weise zu den Grundfesten unserer Kultur, dass man ihn sich aus keiner Lebenswelt wegdenken kann, weder aus der Politik noch aus der Wirtschaft, weder aus der Kunst- noch aus der Literaturwelt, weder aus den Zusammenkünften des örtlichen Fußballvereins noch aus denen der Freiwilligen Feuerwehr. Das Trinken ist so tief in unseren sozialen, gesellschaftlichen und kulturellen Ritualen verankert, dass es für die meisten zu einem blinden Fleck wird. Es ist immer und überall da und wird gerade deshalb nicht mehr wahrgenommen. Die Familien, Freundeskreise und beruflichen Netzwerke hören nicht mit dem Trinken auf, nur weil man selbst es tut. Warum auch?

Als nichttrinkender Mensch passt man bei diesen Anlässen selbstredend nicht ins Bild. Wenn man das akzeptiert, gewöhnt man sich allerdings recht schnell daran. Heute stört es mich kaum noch, wenn Menschen um mich herum trinken, manchmal finde ich es sogar ganz lustig. Auch wenn ich es natürlich nicht mehr so lange auf Partys aushalte wie früher und auch wenn ich mich sozial gelegentlich ein wenig ungelenk fühle.

Woran man sich als nüchterner Abhängiger allerdings nur schwer gewöhnt, ist ein Phänomen, das man in Ermangelung eines besseren Wortes als »Rechtfertigungszwang« bezeichnen könnte. Nicht immer wird einem bei sozialen Anlässen mit Nachdruck ein Glas in die Hand gedrückt, auch wenn das öfter vorkommt, als man denkt. Mal steht der gemeinschaftliche Trinkdruck nur unbestimmt im Raum, mal wird er deutlich verbalisiert, mal auf eine unterschwellig aggressive Weise eingefordert. Man könne doch nicht mit Wasser anstoßen, ist oft zu hören, oder ein Glas ginge doch, wenn man sich schon mal sehen würde, man solle sich nicht so haben. Die Variationen sind endlos.

Die eingangs beschriebene Gesprächsszene, die sich in den vergangenen Jahren sehr häufig so der so ähnlich abgespielt hat, ist das konkrete Resultat dieses Phänomens. Meistens reicht es leider nicht aus zu sagen, dass man keinen Alkohol trinkt. Fast jeder, der nicht mehr trinkt, hat sich deswegen bestimmte Strategien zurechtgelegt, um mit solchen Situationen fertigzuwerden. Viele Freunde und Bekannte von mir weichen einer Antwort mit Halbwahrheiten aus und sagen, dass ihnen Alkohol nicht schmecke oder dass sie aus gesundheitlichen Gründen nicht tränken. Frauen lassen manchmal den Verdacht, sie seien schwanger, unkommentiert im Raum stehen. Der amerikanische Schriftsteller David Sedaris beschreibt in einem Text über sein Leben in Frankreich, dass er bei Feierlichkeiten aller Art einfach dazu übergegangen sei, ein Glas zu nehmen, damit anzustoßen und es dann so schnell wie möglich seinem Lebensgefährten in die Hand zu drücken. Das sei so viel einfacher, als sich dem Gespräch auszusetzen, warum er nicht trinke. Der deutsche Autor Benjamin von Stuckrad-Barre berichtet davon, dass er sich für solche Gelegenheiten eine Kurzerklärung zurechtgelegt habe, die laute, dass er es früher übertrieben habe und jetzt lieber vorsichtig sei.

Richtig schwierig wird es allerdings erst, wenn die Unterhaltung danach weitergeht. Je nachdem, mit welchen Gesprächspartnern man es zu tun hat, kann es auch passieren, dass man mit einer ganzen Reihe alberner Vorurteile konfrontiert wird. Ein solches Vorurteil, das in Deutschland gegenüber nüchternen Menschen vorherrscht, ist etwa die Vorstellung, dass sie ihr Leben lang auf »Entzug« wären. Ihm begegnet man nicht nur in unzähligen Gesprächen, sondern auch in Beiträgen seriöser Zeitungen und Zeitschriften. Mir persönlich fällt das immer wieder auf, etwa wenn der in Verbindung mit Abhängigkeit oft verwendete englische Begriff »recovery« ins Deutsche übersetzt wird. Eigentlich bedeutet er so viel wie Genesung oder Heilung. In neun von zehn Fällen wird er in Deutschland mit »Entzug« übersetzt.

Als etwa im Mai des Jahres 2013 Barack Obama den aus der Fernsehserie *Friends* bekannten Schauspieler Matthew Perry mit dem »Champion of Recovery Award« auszeichnete, war das einigen deutschen Tageszeitungen eine Meldung in der Rubrik Vermischtes wert. Perry ist seit 2001 nüchtern, hat immer sehr offen über seine Alkohol- und Tablettenabhängigkeit gesprochen, hat ein Zentrum zur Suchtbehandlung in Malibu gegründet und leistet bei jeder Gelegenheit Aufklärungsarbeit. Der Name der Auszeichnung wurde in zahlreichen deutschen Medien, darunter sogar der *Süddeutschen Zeitung*, mit »Meister des Entzugs« wiedergegeben. Impliziert in dieser Übersetzung ist die groteske Annahme, dass Perry seit über einem Jahrzehnt jeden Tag an nichts anderes denkt als an das Trinken und es sich Stunde um Stunde unter stärkster Willensanstrengung verkneift. Viele glauben genau das von Menschen, die nicht mehr trinken: Dass sie tickende Zeitbomben sind, die schon der Anblick von einem Glas Wein aus der Bahn wirft, dass sie sich auf ewig das versagen, was sie am glücklichsten macht. Dass sie tagein, tagaus ein standhaftes, aber trauriges Leben führen. Bei diesen Vorurteilen handelt es sich um geradezu beleidigende, infantilisierende Projektionen.

Abhängigkeit ist sehr wohl eine Krankheit, von der Genesung möglich ist. Für mich wie für die meisten nüchtern lebenden Menschen gilt, dass man die meiste Zeit einfach nicht daran denkt, dass da doch irgendwas mit dem Trinken war. Das Nichttrinken und alles, was damit verbunden ist, wird zur Normalität, zu einer zweiten Haut, zu etwas ganz Banalem. Die meiste Zeit geht es einem gut. Warum sollte man das permanent präsent haben? Das Leben, das man hat, seit man nicht mehr trinkt, ist meistens sehr, sehr schön. Wie jedes andere Leben auch hat es Höhen und Tiefen. Aber selbst während der emotional anspruchsvollen Phasen geht es einem so viel besser als früher.

Interessanterweise werden die Vorurteile, die in unserer Gesellschaft gegenüber der Alkoholabhängigkeit herrschen, eher auf den Nüchternen angewendet denn auf die Legionen aktiver Alkoholiker, die die Bars, Restaurants, Büros und Wohnzimmer dieses Landes bevölkern. Menschen, die selbst kein Problem mit dem Trinken haben, erkennen Alkoholismus im Regelfall nicht. Sie denken, jemand habe einen großen Abend, feiere einfach gerne oder sei eben ein »Genussmensch«. Selbst wenn sie den morgendlichen Kater bei ihrem Kollegen mitbekommen, selbst wenn sie merken, dass der Freund oder die Freundin immer launischer, egomanischer und unzugänglicher wird und eigentlich nur noch sozialverträglich ist, wenn er oder sie trinkt, stellen sie die Diagnose Alkoholismus nicht.

Für Betrunkene gibt es in Deutschland eine ausgesprochene Toleranz – ein Umstand, den ich früher sehr zu schätzen gewusst habe. Ist man in New York sichtbar berauscht, schickt einen der Barkeeper schon mal nach Hause, und auch die Taxifahrer nehmen einen nicht gerne mit. Ist man nicht mehr zurechnungsfähig, kann es sogar passieren, dass man von der Polizei festgenommen und in eine Ausnüchterungszelle gesteckt wird. In Deutschland gibt es meiner Erfahrung nach ein verhältnismäßig verständnisvolles Netz von Menschen, das den Alkoholisierten auffängt und irgendwie nach Hause befördert.

Der nüchterne Alkoholiker sticht absurderweise oft mehr heraus als der Betrunkene. Durch sein Nichttrinken macht Ersterer den blinden Fleck sichtbar, den Alkohol in unserer Kultur darstellt. Er verkörpert den Umstand, dass der Konsum von Alkohol bei einigen von uns eben doch sehr viel schwerwiegendere Folgen hat als den Kater am nächsten Tag. Er wird zu einer Projektionsfläche für virulente Abhängigkeits- und Gesundheitsängste.

Den meisten Menschen ist es natürlich völlig egal, wie viel andere Leute trinken. Sie begegnen dem Nüchternen mit einer Art soziologischem Interesse. Ach, so etwas gibt es auch? Sie selbst können ein angefangenes Glas im Allgemeinen stehenlassen und ein paar Abende, manchmal auch Wochen ohne Alkohol auskommen, ohne dass sie sich deshalb große Gedanken machten.

Einiges scheint sich zurzeit außerdem in unserer Feierkultur zu verändern, gerade in einer jüngeren Generation, die mit mehr Warnungen vor Abhängigkeit und mit einem anderen Verantwortungsbewusstsein aufwächst als meine. Zumindest kommt mir das häufig so vor. Ich begegne regelmäßig jungen Menschen, die überhaupt nicht trinken, die es nie wirklich getan haben und das auch gut finden. Meistens bin ich davon völlig überrascht.

Es sind vor allem diejenigen, die selbst regelmäßig viel oder zu viel trinken, die sich das Schicksal des nüchternen Extrinkers in den schlimmsten Farben ausmalen. Oft, um eine größtmögliche Distanz zwischen dem eigenen Trinken und dem früheren Trinken des Nüchternen herzustellen, auch wenn der Unterschied in vielen Fällen gar nicht so groß oder überhaupt nicht existent ist. Dieselben Menschen tendieren auch dazu, das Nichttrinken als Akt eines fanatischen Gesundheitsbewusstseins abzutun, als Teil einer real existierenden Gesundheitsreligion wie der Yoga-, Lauf- und Diätbewegungen, die das Land wellenförmig erfassen. Oft werfen sie dem Nichttrinkenden eine Verteufelung des Alkohols vor, die er gar nicht vornimmt. Viele von ihnen haben das Gefühl, dass man ihnen das wegnehmen möchte, was ihnen am meisten hilft, das, worauf sie sich immer verlassen können und von dem sie selbst wissen, dass sie es unbedingt brauchen. Sie fragen völlig unironisch und manchmal erstaunlich aggressiv, ob man denn gar keinen Spaß haben wolle.

Solchen Menschen würde ich am liebsten entgegnen, dass ich das, was sie unter Spaß verstehen, sehr gut kenne. Ein arroganter Teil in mir würde ihnen gerne sagen, dass ich sie im Handumdrehen unter den Tisch trinken könnte, dass ich in einer halben Stunde einen sehr viel lustigeren Abend organisieren könnte, als sie ihn gerade haben, dass ich von dieser Art Spaß in meinem Leben schon mehr gehabt habe, als sie sich vorstellen können. Aber ich sage es nie, auch wenn ich es manchmal sehr, sehr gern möchte. Zum einen ist es gar nicht ausgemacht, dass es wirklich stimmt, was ich da sagen will. Zum anderen weiß ein Teil in mir noch genau, wie es demjenigen innerlich ergeht, der mir da gegenübersteht. Ich habe meine betrunkenen Verbündeten von damals, die Mannschaft der aktiven Trinker, verraten, unsere heimliche Übereinkunft, dass wir gemeinsam so weit gehen würden, wie wir wollen, dass wir unser Verhalten gegenseitig tolerieren und bei Bedarf den Schleier des Vergessens darüberwerfen. Ich habe das Recht darauf verloren, so anzugeben.

Darüber hinaus würde es sich wohl auch nicht sehr gesund anfühlen, meine Feier-Expertise herauszukehren, sondern so, als würde ich meiner Abhängigkeit ein hart erkämpftes Stück Souveränität preisgeben. Ich habe inzwischen so viel mehr Spaß als früher, völlig unbefangenen, schuld- und schamfreien Spaß, echte Ruhe, Momente wirklichen Glücks. Ich weiß inzwischen mit jeder Zelle meines Körpers, dass der freie Fall von damals keine Freiheit war. Aber wie soll man das in einem kurzen Gespräch auf einer Party erklären? Wie soll man erklären, dass ich alle mir im Leben zustehenden Trinkabende schon aufgebraucht habe? Ich weiß genau, was die fahrigen Augenbewegungen zum halbleeren Glas bedeuten, kenne die irrationale Angst, dass der Nachschub eventuell nicht schnell genug kommen könnte. Aber ich habe diese Angst nicht mehr.

Und schließlich ist es mir auch egal, völlig und grundsätzlich egal, ob Menschen denken, ich hätte mit dem Trinken aufgehört, um gesünder zu sein, besser auszusehen, länger zu leben, weil ich fanatisch bin oder es schick finde. Wenn sie sich so besser fühlen, nur zu. Und wenn sie dann sagen, darauf müssten sie erst mal einen heben, sage ich, tu das, aber nicht meinetwegen. Mir geht es gut. Falls du jedoch irgendwann einmal Hilfe brauchst, gib Bescheid. Ich helfe gern. Ernsthaft.

ARBEITEN UND TRINKEN

Nachdem er mit dem Trinken aufgehört hatte, erklärte der französische Philosoph Gilles Deleuze, Autor von *Tausend Plateaus*, dass man dem Werk immer etwas opfern müsse und dass für ihn nun eben der Alkohol an der Reihe sei. Jahrelang hatte er wie viele Philosophen und Schriftsteller vor und nach ihm mit der Flasche neben sich geschrieben. Das Trinken, habe er lange gedacht, würde ihm dabei helfen, Begriffe zu kreieren, die sonst zu stark für ihn seien, und auf Gedanken zu kommen, die man dem Leben nur mit Alkohol abringen könne. Bis ihm auffiel, dass das alles großer Unsinn war.

Während meines Jobs in einer Zeitschriftenredaktion, der wirklich nicht zu groß für irgendein Leben war, habe ich ein ganz ähnliches Gefühl gehabt. In gewissem Sinne beschreibt Deleuze eine Struktur, die viele Bereiche unseres Lebens umfasst, wenn man gewohnheitsmäßig trinkt – Freundschaft, Familie, Liebe, Sex, aber eben auch und vor allem die Arbeit. Um sie dem Leben abzuringen, um sie intensiver zu erfahren oder schlichtweg auszuhalten, brauchen viele von uns ein Hilfsmittel. Das scheint tief in unserem kollektiven Verhalten verankert zu sein.

Wenn man über Alkohol spricht, denken viele automatisch an den Zustand des Rausches mit seinen oft beglückenden, grenzüberschreitenden Lusterfahrungen. Dabei ist das nicht der einzige Effekt, den das Trinken haben kann, und auch nicht der, den die meisten Menschen suchen. Über den Rausch hinaus erfüllt Trinken, psychoanalytisch gesehen, zwei Funktionen: Es hält die Phantasien des Egos aufrecht und es hilft dabei, die Realität so weit auszublenden, dass man sie ohne größere Schwierigkeiten der Phantasie anpassen kann. In diesem Sinne ist es ein großer narzisstischer Motor. Es hilft uns dabei, die Welt so in unserem Kopf zu formen, dass sie uns wieder gefällig wird, und erschafft so den Eindruck eines psychischen Ballons, einer sanften inneren Echokammer, in der es möglich wird, Gefühle und Erinnerungen, die einem unerträglich erscheinen, eine Zeitlang zu vergessen. Diese Prozesse laufen weitgehend unbewusst ab. Jeder von uns ist mit dem Gefühl vertraut, dass die Welt nach ein, zwei Gläsern Wein etwas weicher wird, die scharfen Ecken verliert und anfängt, ein bisschen besser auszusehen. Die meisten Menschen trinken, um sich zu entspannen.

Wenn ich an meine Zeit des Trinkens zurückdenke, dann ist es vor allem diese Empfindung, an die ich mich erinnere. Natürlich wollte ich mich oft genug betrinken, aber die meiste Zeit wollte ich vor allem diese Empfindung der Entspannung, die mit einem leichten Kitzeln im Mund und auf den Lippen beginnt, in warmen Schlucken durch den Körper zieht, sich dann wie eine Kaschmirdecke über den ganzen Körper, über Arme und Bauch, über Brust und Beine ausbreitet, bis sie schließlich im Kopf ankommt und dort für Stille sorgt, für Ruhe.

Die Reduzierung negativer Gefühle, verursacht durch die Stimulation inhibitiver Neurotransmitterrezeptoren, ist einer der verführerischsten Effekte des Trinkens. Und für die Leute, die nicht sicher trinken können, einer der gefährlichsten. Alkohol ist eines der besten Medikamente gegen Ängste jeder Art, gegen quälende Gedanken an erlittene Verletzungen und gegen Schuldgefühle. Er hilft dabei, die Geschichten im Kopf so zu ordnen und an einigen Stellen so zu modifizieren, dass sie für das Ego wieder erträglich werden, und dabei, das eigene Handeln in das milde Licht der Vergebung zu tauchen. Alkohol ist eines der besten Sedative, die existieren. Es gibt kein besseres Mittel gegen Stress. Er kann der kürzeste und effektivste Weg zu einem angenehmen Gefühl sein. Egal, was man macht, egal, wo man sich befindet – mit einem Glas in der Hand wird das Leben für viele Menschen ein wenig schöner und erträglicher. Einfach so, ohne dass man viel dafür tun müsste.

Für die meisten von uns stellt unsere Arbeit – neben der Liebe – die größte Sinn- und Bedeutungsquelle im Leben dar. Arbeit ist für viele ein stärkeres Mittel zur Selbstdefinition als innere Werte und Überzeugungen, als Familie und Freunde. Für fast alle Menschen ist sie deshalb aber auch zugleich die größte Quelle für Stress und Angstgefühle. Wir leben in einer Arbeitskultur, die mehr denn je von Erfolgsdruck, Verhaltenszwängen und dem latenten Gefühl des Scheiterns geprägt ist. Eine zu hohe Arbeitsbelastung, Konkurrenzdruck oder fehlende Perspektiven in unseren jeweiligen Berufen können für viele von uns zu unüberwindbaren Problemen werden.

In den gängigen medizinischen Fachbüchern lässt sich nachlesen, dass sich das Abhängigkeitspotential von Alkohol drastisch erhöht, wenn man ihn als Mittel zur Stressreduktion einsetzt. Das Stresstrinken ist natürlich nur ein Indikator für Suchtanfälligkeit unter vielen. Bei einigen führt es in die Abhängigkeit, bei anderen nicht. Die zentrale rituelle und soziale Rolle, die Alkohol in unserer Kultur spielt, hat, denke ich, vor allem damit zu tun, dass sehr viele Menschen ihn einsetzen, um innere Probleme zu lindern. Stresstrinken scheint die Regel gängigen Trinkverhaltens zu sein, nicht die Ausnahme.

Das Trinken, liest man oft, vermindere die Arbeitsleistung nicht nur durch häufigere Fehl- und Krankheitszeiten, sondern auch durch Faktoren wie Persönlichkeitsveränderungen, die Einengung des Interessenhorizonts und Spannungen zwischen Mitarbeitern und Vorgesetzten. Trinker seien häufig unberechenbar und gereizt oder aber überangepasst und überkompensierend. Ich glaube, dass das stimmt, und vieles davon traf auch auf mich zu, als ich noch angestellt war. Aber ich glaube auch, dass das nur die Spitze des Eisbergs ist.

Es wird bei uns völlig tabuisiert, dass in allen Arbeitsbereichen, quer durch alle Hierarchieebenen viel getrunken wird. Immer wenn ich leicht oder manchmal auch schwer verkatert ins Büro kam, habe ich mich gefragt, ob die Kollegen eigentlich merkten, was mit mir los war. Wenn ja, haben sie es nicht gesagt. Ich war auch nie der Einzige, der gerne trank. Oft habe ich mit Kollegen schon im Büro zu trinken begonnen, bevor wir dann weiter um die Häuser zogen; Sommerfeste und Weihnachtsfeiern waren in der Regel ausschweifend. Einer meiner einstigen Vorgesetzten überließ dem ganzen Büro – und vor allem sich selber – großzügig eine Reihe von Weinkisten zur Teambildung. Ein anderer versuchte, einen Jour Fixe, eine Art Jour Buveé, in einem noblen Lokal einzuführen, weil er dessen Besitzer kannte und es cool fand, dort mit seinen Kollegen zu trinken.

Auch heute noch besteht ein großer Teil meines Jobs darin, Ausstellungseröffnungen, Lesungen, Essen, Messen und Empfänge zu besuchen. Auf manchen Pressereisen fließt der Champagner buchstäblich so lange, bis die ersten Journalisten am Boden liegen. Sich während der Buchmesse nach den von verschiedenen Verlagshäusern veranstalteten Partys noch im Hotel »Frankfurter Hof« zu treffen und dort bis Tagesanbruch zu feiern, ist für viele von uns selbstverständlich.

Einige Journalisten erzählen sich nach wie vor gerne Geschichten darüber, dass es vor zwanzig, dreißig Jahren noch üblich war, mittags in der Redaktion ein paar Gläser Whisky zu trinken. Dabei schwingt immer diese *Mad Men*-Nostalgie für eine glorreiche Zeit mit, in der man noch lange, komplizierte Artikel schrieb und glaubte, die Geschicke der Bundesrepublik mitzuformen. Kein Wort von den verkrachten Existenzen, den unglücklichen Ehen und frühen Karriereenden, die dieser Lebensstil nach sich zog.

Natürlich hat sich heute schon einiges geändert. Wenn man Wein oder Sekt in Redaktionen aufmacht, dann erst, wenn sich der Feierabend nähert – als Arbeitsmotivation und um Gemeinschaft zu stiften. Trotzdem ist das Trinken aus dem Büroalltag immer noch nicht wegzudenken. In anderen Branchen sieht das ganz ähnlich aus. So erzählen Freunde von Wasserlieferungen in ihrem Büro, bei denen stets auch ein paar Kisten Bier und Prosecco mitkommen, davon, dass abends mit kollegialem Zwinkern die Bierflaschen auf die Schreibtische gestellt werden, es freitags um vier üblich ist, sich im Gemeinschaftsraum zu treffen und sich zu betrinken, und dass Vorgesetzte Betriebsfeste mit der jovialen Weisung ankündigen: »Und ich will nicht, dass mir da jemand nüchtern nach Hause geht!«

Die Verbindung zwischen Arbeit und Trinken ist enger, als viele von uns denken. Suchtgeprägtes Denken und Verhalten können schließlich lange auch karrierefördernd sein: Kontrollbedürfnis, Selbstüberschätzung und ein laxes Verhältnis zur Wahrheit erleichtern, zum Leidwesen der Kollegen, eine Zeitlang den beruflichen Aufstieg. In fast jedem Büro gibt es jemanden, der regelmäßig übernächtigt zur Arbeit kommt, wenig bewerkstelligt, zu katerbedingten Wutausbrüchen neigt, schnell in seinem Stolz verletzt ist, auch wegen kleinster

Bagatellen lange Feindschaften pflegt und trotzdem fest davon überzeugt ist, dass ohne ihn nichts laufen würde. Der »funktionierende Alkoholiker«, auch wenn er eigentlich schon lange nicht mehr funktioniert, wird dabei immer auch von seinem Team mitgetragen. Er kann sich gut verstecken und sieht sich oft noch nicht einmal der Notwendigkeit ausgesetzt, sein Verhalten als ein Problem anzuerkennen. Einfach, weil man sich mit ihm arrangieren muss.

Der schon an anderer Stelle erwähnte dramatische Anstieg des bundesdeutschen Pro-Kopf-Verbrauchs an Alkohol auf die fast vierfache Menge seit dem Zweiten Weltkrieg lässt sich in fast allen westlichen Ländern beobachten. Er ist eine Begleiterscheinung einer Gesellschaft, die immer wohlhabender und produktiver wird, einer Kultur, in der man immer mehr arbeitet und auch immer mehr trinkt. In gewisser Hinsicht ist Abhängigkeit ein tolerierter Bestandteil dieses Systems. Man kann erstaunlich lange trinken und arbeiten, ohne an soziale und gesellschaftliche Grenzen zu stoßen.

Scheitern, sagt der amerikanische Soziologe Richard Sennett, sei das größte Tabu der Moderne. In einer Gesellschaft, die Erfolg verehrt, ist kaum etwas beunruhigender als die Aussicht, eine Karriere zu verfehlen, ganz zu schweigen von den persönlichen, sozialen und finanziellen Schwierigkeiten, die das mit sich bringt. Diese Angst vor dem Scheitern steht zudem im größeren Kontext einer ökonomischen Kultur, die auf Kredit und Wachstum beruht und die, Wissenschaftlern wie dem tschechischen Wirtschaftstheoretiker Tomas Sédlaček zufolge, Abhängigkeit strukturell ohnehin begünstigt. Unsere wirtschaftliche Kultur besitzt einen eingebauten Unersättlichkeitsdrang, der uns fast zwangsläufig unglücklich macht und für beständige Unsicherheit sorgt. Der in den vergangenen

Jahren virulent gewordene Begriff der »Stressgesellschaft« kommt nicht von ungefähr. Heute ist es zwar für die meisten von uns so einfach wie nie zuvor, unseren Lebensunterhalt zu verdienen, aber schwieriger denn je, damit auch zufrieden zu sein.

Wie der britisch-schweizerische Autor Alain de Botton erklärt, leben wir zudem in einer Zeit des ausgeprägten Job-Snobismus. Man wird oft gefragt, was man beruflich macht, und die Antwort auf diese Frage beeinflusst – ob man will oder nicht – maßgeblich, wie sich das anschließende Gespräch entwickelt. Unser Beruf entscheidet immer auch darüber, wie viel Aufmerksamkeit und Anerkennung wir bekommen. Beständig wird uns suggeriert, dass wir alle gleich seien und unabhängig von unserer Herkunft die gleichen beruflichen Chancen hätten, dass also jeder an die Spitze kommen könnte, wenn er nur genügend Talent, Fleiß und Energie aufbrächte. In Wirklichkeit werden wir mit einer massiven, stetig wachsenden Ungleichheit konfrontiert. Die Erwartungen an unsere Karrieren sind viel höher als früher und sie sind unrealistischer. Berufliches Scheitern wird derart tabuisiert, dass es für die meisten von uns zu einer schwer zu bewältigenden Angst führt.

Wenn ich an meine Karriere denke, hat mir das Trinken lange Zeit entscheidend geholfen. Ohne zu trinken, hätte ich so gut wie keinen professionellen Kontakt geknüpft, hätte ich nie den Mut aufgebracht, mit irgendjemanden zu sprechen. Ich war schon immer sehr schüchtern, und es fiel mir lange außerordentlich schwer, mit Menschen zu reden, die ich nicht kannte. Das Trinken half mir außerdem, meine Ängste lang genug an den Rand meines Bewusstseins zu schieben und tatsächlich zu schreiben. Schreiben, ein Autor sein, war schon immer das, was ich am meisten wollte, und es war zugleich das, wovor ich am meisten Angst hatte. Angst davor, nicht zu schaffen, was ich mir vornehmen würde. Angst, nicht talentiert oder intelligent genug zu sein. Angst, in mir sozial überlegene Kreise geraten zu sein, Angst vor einer Welt, deren Regeln ich womöglich nicht verstand und die jeden Moment herausfinden konnte, dass ich nicht zu ihr gehörte.

Hinzu kam der Umstand, dass das Schreiben an sich kulturell immer noch mit dem romantischen Mythos eines leichten Dauerrauschs besetzt ist. Es gibt eine lange Geschichte von Vorbildern, eine ganze, hübsche und, wenn man trinkt, unfassbar überzeugende Ideologie der schriftstellerischen Intoxikation. Man braucht nicht lange nach intellektuellen Entschuldigungen für das Trinken zu suchen, wenn man schreibt. Wie die britische Kulturkritikerin Olivia Laing in ihrem Buch *The Trip to Echo Spring* darlegt, haben Generationen von Schriftstellern getrunken, weil sie glaubten, ihrer übergroßen Sensibilität für diese Welt etwas entgegensetzen zu müssen, weil sie glaubten, dass die Intensität, mit der sie ihr Leben führten, sonst schlichtweg nicht auszuhalten gewesen wäre. Legionen von Autoren, Künstlern und Intellektuellen machen diesen Mythos auch heute noch für sich geltend, während sie von Party zu Party ziehen. Ich gehörte lange zu diesen Legionen. Das Trinken war für mich immer auch Teil elaborierter Codes der Coolness, es vermittelte mir ein beruhigendes, ja beinahe magisches Gefühl der Zugehörigkeit.

Auch wenn dieses Zugehörigkeitsgefühl größtenteils imaginär war. Wie Stephen King in seinen Memoiren *Das Leben und das Schreiben* sagt: »Wir sehen alle ziemlich gleich aus, wenn wir in die Gosse kotzen.« Auch Bauarbeiter oder Kellner kämpfen mit ihren inneren Dämonen, wenn sie trinken. Ein Trinker ist ein Trinker ist ein Trinker. Max Frisch, Marguerite Duras, William Faulkner, Ernest Hemingway, Wenedikt Jerofejew, Raymond Carver, Françoise Sagan, F. Scott Fitzgerald, Truman Capote, Dorothy Parker, Richard Yates, Charles Baudelaire oder Ingeborg Bachmann tranken nicht, weil es sie besonders kreativ machte, weil sie von der Welt entfremdet waren oder sie sich in anderen moralischen Gefilden bewegten als der Rest der Menschheit. Sie tranken, weil sie krank waren, weil ihre Gehirne darauf programmiert waren zu trinken. Sie schrieben große Literatur, nicht weil sie abhängig waren, sondern aller Wahrscheinlichkeit zum Trotz.

Auf berufliche und finanzielle Ängste, auf wachsende soziale Ungleichheit und Befürchtungen des sozialen Scheiterns, auf zu hoch geschossene eigene Erwartungen mit dem Griff zum Glas zu reagieren könnte nicht normaler sein. In gewisser Hinsicht ist dieses Verhaltensmuster sogar eine der Stützen unserer Gesellschaft. Er gehört zum Schmieröl, das die Kapitalismus-Maschine am Laufen hält und uns ihr Knirschen immer wieder überhören lässt. Das Trinken ist die einzige vollumfänglich anerkannte Abschaltstrategie der Stressgesellschaft unserer Tage und als solche wird es auch aufs Bitterste verteidigt.

Vor allem das populärphilosophische Lager um kluge, aber medizinisch ungebildete Autoren wie den Österreicher Robert Pfaller hat in den vergangenen Jahren unermüdlich zur Verteidigung unserer kulturellen Trinkpraxis aufgerufen. Eine der von Pfaller populär gemachten Denkfiguren, wenn es um Alkohol geht, ist die der Hygienephantasie. Beim Trinken sieht er dieselbe restriktive »Bevormundungspolitik« am Werk wie in anderen Bereichen der Gesundheitspolitik, unserem Umgang mit Zigaretten etwa. Für ihn kommt das einem Ablenkungsmanöver einer immer fahrlässiger werdenden Politik gleich, die von der Bevölkerung mehr und mehr Gehorsam verlangt, um so ihre eigenen Fehler zu kompensieren.

Pfaller entwirft das düstere Bild einer Gesellschaft, in der man das Trinken irgendwann verbieten möchte, obwohl es doch das ist, »wofür es sich zu leben lohnt«.

In seinem gleichnamigen Buch beschreibt er polemisch eine Kultur, die lieber auf ihre Lust und auf die »Momente des größten Glücks im Leben« verzichtet, um angeblich Gesundheit und Sicherheit dazuzugewinnen – in Wahrheit aber nur, um uns wirtschaftlich produktiver zu machen und dafür zu sorgen, dass wir noch länger noch mehr kaufen können. Nichttrinken ist für Pfaller daher eines »der fatalsten Symptome der Gegenwartskultur: Menschen wollen plötzlich lieber gut sein als glücklich.« So etwas wie Alkoholkrankheit gibt es in seinem Universum tatsächlich nicht, die »angeblich so suchtgefährdenden Substanzen, die bei uns viele Menschen in die Abhängigkeit treiben«, würden laut Pfaller »in anderen Kulturen ... keine Sucht auslösen«. Dem guten Leben, so sein Befund, würde heute von neoliberalen Produktivitäts- und Selbstoptimierungsphantasien der Krieg erklärt.

Das Grundproblem dieser Argumentation ist natürlich, dass sie nicht bei der Realität ansetzt – in der ganzen Welt gibt es nicht eine einzige Kultur, in der Alkohol nicht abhängig machen würde –, sondern bei dem Wunsch, ohne jede Gefahr zu trinken und schließlich zu einer Welt zurückzufinden, in der der bürgerliche Überlebenskampf noch nicht ganz so hart schien wie heute, in der Zeitungsredaktionen und Universitäten noch als sichere Arbeitgeber galten und man um seine Rente noch keine Angst haben musste. In Wirklichkeit gibt es diese restriktive Gesundheitspolitik, von der Pfaller spricht, in Bezug auf den Alkohol einfach nicht. Die Steuersätze für alkoholische Getränke in Deutschland und Österreich gehören beispielsweise zu den niedrigsten weltweit. Mit populistischem Gespür entwirft Pfaller hier eine elaborierte Schreckensphantasie, die auf der Angst beruht, dass man den Zugang zu etwas erschweren könnte, ohne das sich viele Menschen ihr Leben nicht mehr vorstellen können.

In Wahrheit sind unsere Kultur des Trinkens und unsere Kultur des Arbeitens so eng miteinander verknüpft, dass sie sich im Leben vieler Menschen gegenseitig unterstützen. Ob in Kleinstadtdiskos, gutbürgerlichen Altbauwohnungen oder den Manager-Etagen mit ihren Champagnerkisten und Escort-Flotten: Stress und Alkoholkonsum gehen Hand in Hand. Je länger unsere Arbeitszeiten werden, desto mehr verspricht Alkohol eine Auszeit. Die Stressgesellschaft mit ihrem Erfolgs- und Selbstoptimierungsdruck ist zum großen Teil auf die kollektive Entlastungswirkung angewiesen, die das Trinken mit sich bringt. Ohne das Ventil des Alkohols, ohne seine kraftvolle Abschaltfunktion, würde unser System von Wirtschaft und Arbeit wahrscheinlich nicht so gut funktionieren.

Der populäre Slogan »work hard, play hard« – frei übersetzt: Wer arbeiten kann, der kann auch feiern – stellt so etwas wie die ideologische Essenz des bürgerlichen Trinkens dar. Anstatt eine Work-Life-Balance zu erreichen, stellen viele Menschen, ohne dass es ihnen auffallen muss, eine Work-Drinking-Balance her. Hinter sehr vielen Burnout-Diagnosen steckt ein so unvorhergesehener wie unvermeidlicher Unfall in dieser Work-Drinking-Balance. Burnout ist eine der Paralleldiagnosen, die am häufigsten mit dem bürgerlichen Alkoholismus einhergeht, jenem Trinken, das auf keinen Fall Abhängigkeit sein darf. In fast jeder Klinik, die diese Erschöpfungszustände behandelt, sind Entzugsprogramme und auf den Alkoholkonsum fokussierte Gesprächstherapien ein wesentlicher Bestandteil der Behandlung. Natürlich keiner, der groß publik gemacht wird. Es ist einfacher für uns zuzugeben, ein Burnout zu haben als ein Alkoholproblem. Während wir mit der Abhängigkeitsdiagnose den sozialen Abstieg verbinden, halten wir das Burnout für eine weitaus akzeptablere Zivilisationskrankheit. In vielen Fällen handelt es sich aber nur um zwei verschiedene Namen für ein und dasselbe Problem.

Indem es den Phantasien des Egos nachgibt, mag gewohnheitsmäßiges Trinken zunächst dabei helfen, das alltägliche, innere Unglück einzudämmen. Aber irgendwann sorgt es vor allem dafür, dass man nichts mehr daran ändert. Jeder Analytiker wird Ihnen bestätigen, wie essentiell eine gut ausgebildete Vorstellungskraft für das Leben und für die Bewältigung von Problemen ist. Aber Phantasien gehören auch gezügelt, erst recht wenn sie der Auseinandersetzung mit der Wirklichkeit im Weg stehen. Wenn man regelmäßig trinkt, entbindet das einen irgendwann von der Notwendigkeit, die eigenen Fähigkeiten, Bedürfnisse und Möglichkeiten realistisch einzuschätzen. Es lindert die Versagensängste und hilft gleichzeitig dabei, hohe, manchmal absurde Ansprüche an sich zu stellen. Alkohol nährt den inneren Glauben, dass wir mehr sind, als wir sind, dass uns mehr zusteht, als wir haben, und vor allem, dass wir so viel mehr als all das brauchen, um glücklich zu sein.

Die eigentliche Leistung, die wir schätzen sollten, wenn es um unsere Karriere geht, ist das Erschaffen eines Arbeitslebens, das unsere ureigenen inneren Werte reflektiert. Einer der überraschendsten Aspekte meiner Nüchternheit ist der Veränderungsprozess, dem mein Arbeiten seither unterworfen ist. Das ist nichts Bewusstes, nichts, was ich geplant hätte. Im Gegenteil: Hätte man mich vor ein paar Jahren gefragt, ob ich an meiner Arbeitssituation etwas verändern wollte, hätte ich wahrscheinlich nur geantwortet, dass ich gern mehr verdienen würde oder einen noch wichtigeren Job möchte.

Was im Nachhinein nicht einer gewissen Absurdität entbehrt. Denn solange ich denken kann, habe ich mich eigentlich immer von Karrierekrise zu Karrierekrise gehangelt – egal, ob als Autor mit Nebenjobs wie dem als Koch für wohlhabende Upper-East-Side-Familien in New York oder als Redakteur mit einer festen Stelle bei einer Monatszeitschrift. Bei keinem meiner Jobs hatte ich jemals das Gefühl, wirklich in der Lage zu sein, sie vollumfänglich erledigen zu können. Ich stürzte mich in die Arbeit, doch je mehr ich arbeitete, desto größer wurde die Kluft zwischen den Hoffnungen, die ich für mich und meine Karriere hegte, und der Realität. Bei keinem einzigen Erfolg, etwa im Zusammenhang mit meinem ersten Buch, hatte ich je wirklich das Gefühl, dass ich ihn verdient hätte. Dass der Erfolg mir zustehen würde und ich ihn haben müsste, um irgendwie dazuzugehören und in der Welt voranzukommen, das schon – aber nicht, dass wirklich ich es war, der ihn erreicht hatte.

Wir sind nicht dafür geschaffen, Dinge zu tun, die wir tief in unserem Innern nicht tun wollen. Das ist keine Frage fehlenden Ehrgeizes. Unser Verständnis von Erfolg stammt zum größten Teil nicht von uns selbst, sondern von anderen – unseren Eltern etwa oder bestimmten gesellschaftlichen Erwartungshaltungen. In einer Kultur, die grundsätzlich Reichtum und das damit verbundene Prestige als das gute, das begehrenswerte Leben inszeniert, wird einem stets vermittelt, dass man nie mit dem zufrieden sein sollte, was man hat, wer man ist und was man tut. Um dagegen angehen zu können, müssen wir erst einmal selbst herausfinden, was wir wirklich als Erfolg erleben, was wir wirklich von unserem Leben und unserer Arbeit wollen. Gewohnheitsmäßig zu trinken hält meiner Erfahrung nach genau davon ab.

Wenn man den Alkohol aus der Gleichung ihres Arbeitslebens nimmt, sind die Veränderungen für viele Menschen nicht absehbar. Etliche meiner nüchternen Freunde und Bekannten haben, als sie mit dem Trinken aufhörten, für eine Weile auch aufgehört zu arbeiten. Andere entwickelten einen sehr lustvollen Ehrgeiz und räumten systematisch die Steine aus dem Weg, die sie sich durch ihr Trinken früher ebenso systematisch in den Weg gelegt hatten. Fast alle nüchternen Künstler, Musiker und Autoren, die ich kenne, berichteten von großen Schaffenskrisen, als sie mit dem Trinken aufhörten, nur um nach ein paar Monaten oder einem Jahr festzustellen, dass sie mit ihrer künstlerischen Arbeit eine Ebene erreicht hatten, die sie persönlich nicht für möglich gehalten hätten. Mir ging es genauso. Ich bin mit meinem Schreiben sehr viel glücklicher als früher.

Wenn man eine Zeitlang nicht mehr getrunken hat, macht man automatisch Sachen, auf die man früher nie gekommen wäre, ja, die einem als geradezu absurd erschienen wären: Man beginnt damit, Grenzen zu setzen, Deadlines ernst zu nehmen und realistischer einzuschätzen, wie lange etwas dauert. Man lernt, sich einen Ausgleich für die Arbeit zu suchen, in der Mittagspause zum Yoga oder morgens zum Schwimmen zu gehen. Man lernt, Aufträge abzulehnen, Aufgaben liegenzulassen, zu verreisen, ein paar Tage am Stück frei zu nehmen. Man hört auf zu glauben, dass man mehr wert sei, wenn man mehr arbeitet, dass es cool wirke, anderen zu erzählen, wie beschäftigt, erschöpft und ausgelaugt man von seinem Job sei. Man beginnt, den eigenen Perfektionismus zu überdenken und seiner Intuition zu vertrauen. Nach und nach unterwirft man seinen Ehrgeiz realistischeren Maßen. Man lernt, nicht immer der Beste oder der Schlechteste zu sein, sondern einer unter vielen. Man hört auf, die Arbeit nur anhand ihrer äußeren Faktoren zu bewerten, anhand des Status, den sie signalisiert, oder des Gehalts, das sie einträgt. Man fängt an, seine Arbeit danach zu bewerten, wie sehr sie einem Spaß macht, wie sehr man an ihren Herausforderungen wächst, wie sehr sie es einem ermöglicht, sich weiterzuentwickeln, welches Gefühl von Sinn im Leben sie einem vermittelt.

Und irgendwann sucht und findet man eine Arbeit, die besser zu einem passt, der man nicht so viele Widerstände entgegensetzen muss, die sich in einem größeren Einklang mit dem befindet, der man tief im Inneren wirklich ist. Arbeit, wie auch immer sie aussehen mag, muss nicht Erfüllung sein, aber sie ist stets Bestandteil eines erfüllten Lebens. Nicht zuletzt, weil man sich in ihr für eine Weile selbst vergessen kann, weil es, wenn man arbeitet, zumindest für eine bestimmte Zeit wichtigere Dinge gibt als die eigenen Bedürfnisse und Vorlieben. Weil das Arbeiten letztlich immer auch den Willen zum Leben markiert.

Auch wenn es wie ein Klischee klingt: Um die Angst vor dem Scheitern anzugehen, muss man die Möglichkeiten des eigenen Scheiterns akzeptieren. Man muss vertrauen lernen, dass es kein Weltuntergang ist, ja dass es einem sogar trotzdem gut gehen wird, wenn man seine ehrgeizigen Ziele verfehlt.

Würde man wirklich wissen, wie schwierig der Weg ist, der vor einem liegt, würde man sich nie auf diesen Weg begeben. Würde man alle Ziele erreichen, würde man nie nach der ungewöhnlichen Lösung suchen, die wirklich zu der Situation und zu einem selbst passt. Man würde die Welt nie auf eine andere Art und Weise sehen können, seine Glaubenssätze nie hinterfragen, seine Handlungen nie überdenken. Man würde sich ein Leben lang in immer denselben vorgefertigten Zirkellinien bewegen. Scheitern bedeutet immer auch Freiheit.

Zu trinken, um den Lärm im Kopf zu beruhigen, um die Schuldgefühle, Unsicherheiten und zurückgehaltenen Vorwürfe handhabbar zu machen, die übertriebenen Erwartungen an sich selbst oder das Gefühl der Bedeutungslosigkeit zu bewältigen, ist eine ganz und gar unsinnige Strategie. Die Wahrheit ist, dass man dem Leben nichts, rein gar nichts abringen muss, keine einzige Erfahrung und erst recht keine Karriere, keine großen Ideen, Werke oder Bücher. Die Wahrheit ist, dass das Leben immer schon genug ist.

DAS GELEBTE LEBEN

Als er 1962 seine Facharztausbildung an der University of California in Los Angeles aufnahm, begann Oliver Sacks, heute der wohl bekannteste Neurologe der Welt, Haschisch zu rauchen, LSD zu nehmen, sich Morphium zu spritzen und jede Menge gemahlener Prunkwindensamen zu essen, ein Halluzinogen, das er, des Geschmacks wegen, mit Vanilleeis mischte. Ein paar Jahre später waren »Drogenferien«, wie er sie nannte, zur Gewohnheit für ihn geworden – Wochenenden, die er mit nichts anderem verbrachte als damit, gewaltige Mengen an Amphetaminen zu schlucken.

Wie Sacks vor ein paar Jahren dem britischen *Telegraph* erzählte, waren diese Drogenexperimente eine wichtige Erfahrung für ihn. In gewisser Hinsicht waren sie ein anderer Weg zu den Rätseln des Gehirns, die ihn so faszinierten. Dabei entwickelte er allerdings auch eine Abhängigkeit, ließ seinen Selbstzerstörungsimpulsen freien Lauf und nahm immer gefährlichere Drogenmengen zu sich. Bis heute, glaubt Sacks, habe diese Zeit Auswirkungen auf sein Verhalten. Wer einmal abhängig war, wird es immer bleiben, wird immer anfällig für zwanghaftes Verhalten sein. Er selbst habe zwar zum Glück kein Problem mit Alkohol, berichtete Sacks, aber er müsse bei vielen Sachen einfach aufpassen. So dürfe er bis heute, über fünfzig Jahre später, nicht viel Essen im Kühlschrank haben, da er sonst sofort in eine ausgeprägte Essstörung verfiele.

Abhängigkeit ist eine Krankheit, die sehr viel mehr umfasst als das Trinken von Alkohol oder den Konsum bestimmter Drogen. Ihre neurologischen Codes bleiben ein Leben lang erhalten. Die Stimme der Sucht wird sich immer wieder melden. Die meisten Neurologen verstehen Abhängigkeit, wie schon zuvor erklärt, als eine fehlangepasste Form des Lernens, die das Gehirn vollzieht. Genauso wenig, wie das Gehirn verlernt, Fahrrad zu fahren oder zu schwimmen, verlernt es die Abhängigkeit. Es gibt Dinge, die man nicht vergisst, und Dinge, die man nicht vergessen kann. Für Abhängige ist das Trinken oder der Drogenkonsum mitsamt den damit assoziierten Gefühlen und Erinnerungen in die neurobiologischen Kreisläufe des Gehirns biochemisch eingebrannt. Das, was man Bewusstsein nennt, ist nur eine Facette unseres Gehirns – und nicht immer die stärkste.

Diese neurobiologische Prägung sorgt auch dafür, dass Versuche, die Abhängigkeit mit kurzfristigen Therapien oder Klinikaufenthalten zu »behandeln«, oft scheitern. Viele Menschen glauben, dass alles in Ordnung sei, dass es völlig ausreiche, wenn der Abhängige nicht mehr trinkt. Leider ist das nicht der Fall. Beim Umgang mit der eigenen Abhängigkeit geht es um sehr viel mehr als um bloßes Verstehen oder um körperliche Genesung. Das Problem ist seelischer, ist psychischer Natur. Die Grundlage für jedes nüchterne Leben ist daher – nach meiner Erfahrung und der Millionen anderer nüchtern lebender Menschen – eine echte Sorge für sich selbst. Diese Sorge besteht darin, sich all jenen Konflikten und unangenehmen Gefühlen zu stellen, die einmal zum Trinken beitrugen. Sie besteht darin, sich wirklich selbst kennenzulernen, Verantwortung dafür zu übernehmen, wer man ist, und dieses authentische Selbst nicht an Dinge zu verraten, die schnelle Befriedigung versprechen.

All das braucht Zeit, viel Zeit. Eine Freundin von mir, die nun schon seit fast zwei Jahrzehnten nüchtern ist, sagt oft, dass man überhaupt erst nach fünf Jahren Nüchternheit herausfinde, wer man eigentlich sei, und dass man dann noch fünf weitere Jahre brauche, um für sich einstehen zu können. Ich bin noch nicht lange genug nüchtern, um zu wissen, ob sie recht hat. Aber wie könnte es nicht lange dauern, dem einstigen Leben im Konjunktiv ein wirkliches Leben entgegenzustellen? Ein Leben, das mal leicht und unbeschwert ist, mal anspruchsvoll und fordernd, mal schnell und euphorisch, mal traurig und aufwühlend. Ein Leben, das man nicht ständig kontrollieren und nach den eigenen Erwartungen formen muss, sondern in dem man als ganze Person anwesend ist. Ein Leben ohne die Rausch- und Beruhigungsmittel, die einem sonst dabei halfen, mit der Welt umzugehen. Ein echtes, ein gelebtes Leben eben.

Man muss diesen Weg nicht alleine gehen. Man hat Hilfe – von Selbsthilfegruppen, Therapeuten, Freunden, Bekannten und Familienmitgliedern. Eine gigantische Herausforderung bleibt dieses neue Leben trotzdem. Denn Nüchternsein bedeutet auch immer, sich von den großen Erzählungen seines Lebens zu verabschieden, von all den Geschichten über sich selbst, für deren Aufrechterhaltung man das Hilfsmittel des Trinkens brauchte. Für viele Trinker sind das Opfererzählungen, Geschichten nicht erkannter, nicht ausreichend belohnter Überlegenheit, Erzählungen von Wut und Ohnmacht gegenüber bestimmten Menschen, Geschichten, die tatsächlich durchlebte Traumata zu alles bestimmenden, das ganze Leben definierenden Ereignissen erheben, Erzählungen großen Selbstmitleids. Oft sind es aber auch nur intuitive, unverrückbare, doch nie verbalisierte Annahmen, die im Hinterkopf ihr Unwesen treiben. Ich kann mich zum Beispiel noch gut daran erinnern, wie ich tatsächlich manchmal dachte, dass man natürlich trinkt, wenn man als schwuler Mann in einem kleinen Dorf in Mecklenburg-Vorpommern aufgewachsen ist, dass das die selbstverständlichste Sache sei. Dass das nicht nur zu meinem ländlichen, ostdeutschen Erbe gehöre, sondern auch zu meiner Selbstdefinition als Schwuler. Eine Frage der Identität.

Je länger man nüchtern ist, desto stärker wird einem bewusst, dass derlei Erzählungen mehr oder weniger stark fast jeden Lebensbereich bestimmt haben.

Der Abschied von den eigenen, großen Erzählungen ist jedoch nur ein Aspekt, mit dem man sich auseinandersetzen muss. Tief im Inneren eines jeden Abhängigen existieren emotionale Konflikte, die teilweise für viele Jahre ungelöst brachlagen, peinvolle Erinnerungen, die aufgearbeitet werden müssen, wenn man glücklich sein will. Das hochpeinliche Auftreten an diesem oder jenem betrunkenen Abend. Dass man jenen Freund ganz grauenhaft behandelt oder mit jenem Typen geschlafen hat, ohne es wirklich zu wollen. Das Verhalten, das man zu bestimmten Zeiten im Büro an den Tag gelegt hat, die Schulden bei der Bank und anderswo. Das Wissen, dass der Partner sich die Beziehung eigentlich anders vorstellte, man aber trotzdem zwanghaft daran festhielt. Dass man sich aus dem Leben von Menschen, die einem viel bedeuten und denen man selbst viel bedeutet, klammheimlich verabschiedet hatte.

Die seelischen Wunden, die man sich und anderen auf diese Weise zugefügt hat, brauchen lange, um zu heilen. Und man kann sie nur heilen, indem man aktiv wird. Ich habe einen Großteil meiner nicht unbeträchtlichen Schulden zurückgezahlt und mit der Hilfe eines Bankberaters einen realistischen Rückzahlungsplan entwickelt, an den ich mich halte. Oft mehr schlecht als recht, aber es funktioniert. Ich habe auch bei den meisten Menschen, die ich verletzt habe, wiedergutzumachen versucht, was ich angerichtet hatte. Das war ein schwieriger Prozess. Schwierig, weil man den eigenen Stolz überwinden muss, schwierig wegen der notwendigen, unerhört mühsamen Ehrlichkeit sich selbst gegenüber, schwierig auch, weil man selbst erst lernen muss, wie man vergibt.

Wie verzeiht man etwa Menschen, auf die man lange wütend war? Die sich genauso schuldig gemacht haben wie man selbst? Bei einigen Menschen fiel es mir extrem schwer zu vergeben. Es dauerte oft wochen- oder monatelang, erforderte lange Gespräche und viel Anstrengung. Sich und dem anderen die eigenen Fehler und Schwächen einzugestehen, kann oft so wirken, als würde man das, was der andere getan hat, im Nachhinein gutheißen. Doch das ist nicht der Fall. Indem man jemandem vergibt, macht man sich innerlich im Grunde nur klar, dass der andere von nun an kein Feind mehr ist. Man kann Menschen vergeben, ohne mit ihnen eine Beziehung führen zu wollen. Vergebung hilft vor allem einem selbst. Man fühlt sich danach besser.

Nach und nach das emotionale Trümmerfeld aufzuräumen, welches das trunkene Leben mit sich gebracht hat, bringt einen dazu, etwas zu tun, was man noch nie zuvor getan hatte: Ein Mensch unter vielen zu sein. Ich war immer wieder überrascht, wenn mir klar wurde, was der wirkliche Grund für ein Zerwürfnis gewesen war oder womit ich andere Menschen tatsächlich verletzt hatte. Meistens waren es nicht Dinge gewesen, die ich betrunken angestellt hatte, sondern narzisstische Gedankenlosigkeiten, Sachen, die ich aus reiner Selbstbezogenheit gesagt und über die ich nicht weiter nachgedacht hatte. Oft waren es verletzende Urteile gewesen. Oft der bloße Eindruck von Überlegenheit, den ich unbedingt hatte vermitteln wollen. Manchmal waren es verquere, im Nachhinein fast paranoid wirkende Ideen gewesen, mit denen ich andere konfrontiert hatte. Oder Fehler, die ich partout nicht zugeben wollte.

Viele, wenn auch nicht alle Menschen waren froh über meine Gesprächsversuche. Bei einigen konnte ich sehen, dass sie mit ähnlichen psychischen Problemen zu kämpfen hatten wie ich. In viele Konflikte ist Frieden eingezogen.

Mir ist es fast ein bisschen peinlich, all das aufzuschreiben. Vieles von dem, was mir bei diesem Thema durch den Kopf geht, hört sich an wie therapeutische Plattitüden. Und viele der Gedanken und Ideen, die in den vergangenen Jahren meinen Alltag bestimmt und mein Leben nach und nach verändert haben, stammen tatsächlich aus dieser Sphäre. Seit ich nicht mehr trinke, besteht ein großer Teil meines Lebens aus Meetings meiner Selbsthilfegruppe, aus psychoanalytischen Sitzungen und aus Gesprächen mit Menschen, die sich in einer ähnlichen Situation befinden wie ich. Ich habe angefangen, morgens zu meditieren, regelmäßig Yoga zu machen, häufiger zu laufen und ins Fitnessstudio zu gehen – noch nicht ansatzweise genug, um ein wirklich gesundes Leben zu führen, aber immerhin. Irgendwo in meinem Kopf aber gibt es immer noch diese zynische Stimme, die das belächelt, die gelangweilte Person, die früher für solche Menschen wie mich nur Spott übrig hatte.

Die meisten Menschen denken, dass nur die großen Traumata das Leben erschweren. Dass es einem im alltäglichen Leben einfach so gut gehen sollte, dass man sich nicht viel Gedanken darüber machen sollte, wie man es bewältigt. Dabei liegt für viele von uns gerade dort die eigentliche Herausforderung. Der amerikanische Psychologe Mark Epstein geht davon aus, dass unser gesamter Alltag in gewisser Hinsicht traumatisch strukturiert ist. Jedes Leben, so gewöhnlich und alltäglich es auch wirken mag, wird unterbrochen von Unstetigkeit und Verlust. Man kann nicht am Leben sein, ohne ein Bewusstsein für das Potential von Tod, Alter und Krankheit zu entwickeln, von Unfällen, Trennungen und Verlusten. Niemand ist immun. Zu denken, dass der Alltag etwas sei, das einfach so zu leben sei, ist daher ein Trugschluss. Um ein zufriedenes Leben zu führen, muss man sich auch den kleinen Traumata, den leise im Hintergrund ihr Unwesen treibenden Beschädigungen stellen.

Ich habe gelernt, dass mich mein Alltag oft überwältigt, wenn ich mich innerlich nicht darauf vorbereite. Und auch wenn mich manchmal ärgert, dass ich alle möglichen Hilfsmittel in Anspruch nehmen muss, um nicht unzufrieden zu sein, so lasse ich mich doch auf sie ein. Ich habe es mir nicht ausgesucht, aber so sieht die Situation eben aus – und es ist eine so viel bessere Situation als zuvor. Es hätte sehr viel schlimmer kommen können, als regelmäßig zu Meetings, zum Yoga und zur Analyse zu gehen. So viel schlimmer. Ich könnte tot sein.

Insgeheim betrachte ich all meine therapeutischen Werkzeuge als eine Art Medizin. Von Herzkranken erwartet man schließlich auch, dass sie ihre Medikamente nehmen und sich, wenn es geht, gesund ernähren und auch mal Sport machen. Die Wahrheit lautet schlicht, dass ich all das brauche, um mein Leben zu führen, ohne zu verzweifeln. Um Gefühle und Tatsachen zu akzeptieren, die ich eigentlich nicht akzeptieren möchte. Um mich um meine eigenen Bedürfnisse zu kümmern, anstatt mich von den Angelegenheiten anderer Leute leiten zu lassen. Um mich nicht von allen anderen abzuschotten, wenn ich deprimiert bin. Um auf diese leise, innere

Stimme zu hören, die weiß, was mir guttut, die aber viel zu lange unter zwanghaften Handlungen, Verunsicherungen und Schamgefühlen begraben war. Um andere Menschen nicht zu verurteilen. Um dem Trugschluss zu entkommen, dass Menschen automatisch verstehen, was in mir vorgeht. Um keine unrealistischen Ansprüche an mich und meine Umgebung zu stellen. Um meine inneren Grenzen zu ziehen und sie dann auch einzuhalten. Um mit einem Mindestmaß an Achtsamkeit durch den Tag zu gehen und wirklich anwesend zu sein, wenn ich etwas tue oder mit jemandem spreche. Um mich selbst mit meinen Fehlern zu akzeptieren.

Nüchternheit bedeutet in der Regel nicht, dass man ein neuer Mensch wird oder seinen Charakter über Nacht verändert. Sie leitet eher einen langsamen seelischen Heilungsprozess ein. Dabei geht es nicht um Selbstverwirklichung oder um Selbstoptimierung, nicht darum, ein besserer, erfolgreicherer oder attraktiverer Mensch zu werden. Im Gegenteil. Es geht darum, die Grundlagen für das Überleben einer Krankheit zu legen. Erst nach einer gewissen Zeit stellt man fest, dass es nicht die überkritische Stimme im Kopf ist, die willensstarke, verbissene, von sich selbst und anderen viel zu viel verlangende Stimme im Inneren, die einem dabei hilft, nüchtern zu bleiben. Sondern das wirkliche Ich, das nach und nach zum Vorschein kommt und mehr und mehr die Regie übernimmt. Und man realisiert, dass jene hyperkritische innere Instanz, von der man dachte, dass sie einem dabei helfe, ein besserer, klügerer oder schönerer Mensch zu werden, in Wirklichkeit immer nur einen Beitrag zum Trinken geleistet hat. Man realisiert, dass man sich nicht verändert, indem man versucht, jemand zu sein, der man nicht ist. Sondern nur, indem man für sich da ist, indem man denkt, was man denkt, fühlt, was man fühlt, begehrt, was man begehrt, ohne der Wirklichkeit auszuweichen oder sie zu verdrängen. Man realisiert, dass man sich nur verändern kann, indem man sich selbst und das, was man getan hat, akzeptiert.

Unser Gehirn und unser Nervensystem sind erstaunlich flexibel. Auch wenn bestimmte Gewohnheiten, Zwänge, Denk- und Fühlweisen für immer in unsere psychologische Konstitution eingebrannt sein werden, haben wir mehr Möglichkeiten zu genesen als lange angenommen. Zwar kann das menschliche Gehirn Abhängigkeit nicht mehr »vergessen«, aber auch Gesprächstherapien, Meditation, Sport und eine bewusste Aufarbeitung der Konsequenzen des eigenen Trinkens hinterlassen konkrete Spuren.

Für einige dieser Aktivitäten sind die neurologischen Auswirkungen in Ansätzen tatsächlich schon erforscht. Der Neurologe David J. Linden hat zum Beispiel nachgewiesen, dass Sport und Meditation nicht nur einen substantiellen positiven Effekt auf unser mentales Wohlbefinden und unsere Gedächtnisleistung haben, sondern dass sie auch ganz konkret neue synaptische Verbindungen im Bereich unseres Gehirns knüpfen, der für unsere Impulsivität und unsere Selbstbeobachtung zuständig ist. Außerdem stärken sie die neuronalen Strukturen, die mit unseren Fähigkeiten zur Aufmerksamkeit und Fokussierung verbunden sind. Ein Großteil dieser Veränderungen spielt sich darüber hinaus in Gehirnarealen ab, die direkt von den Folgen der Abhängigkeit betroffen sind. Sport und Meditation, so Linden in seinem faszinierenden Buch *The Compass of Pleasure*, können das Lustzentrum im Nucleus accumbens aktivieren, die Ausschüttung von Dopamin steigern und für eine nachhaltige Neuordnung der biochemischen Balance sorgen.

Alle diese Maßnahmen sind natürlich keine Garantie dafür, dass man ständig gute Laune haben wird, dass man Depressionen immer komplett ausweichen kann oder dass sich das lädierte Bild, das man von sich selbst hat, einfach so ändert. Aber sie alle funktionieren. Irgendwie. Mal mehr, mal weniger. All das hat mich und viele andere nüchtern gehalten.

Oliver Sacks, der bis heute mit Patienten mit neurologischen Beschädigungen arbeitet und ihre oft erratischen Fallgeschichten aufschreibt, ermutigt sie als Allererstes, das Leben auf eine andere Art und Weise anzugehen, gewohnte Dinge anders zu machen und dabei selbst zu entdecken, was funktioniert. Bei den wenigsten neurologischen Krankheiten könne man direkt helfen, so Sacks, aber der von einer solchen Krankheit Betroffene könne trotzdem oft etwas ändern, nur indem er neue Wege einschlägt und offen für ihre etwaigen Begleiterscheinungen bleibt. Ein Jahr nach einem Lottogewinn, heißt es, fühlen sich Menschen genauso zufrieden oder unzufrieden wie ein Jahr nach einem Unfall, der sie an einen Rollstuhl fesselte. Glück ist immer auch eine Frage der Haltung. Es sind vor allem innere Faktoren, die bestimmen, wie wohl wir uns fühlen.

Die Stimme der Sucht wird sich, wie gesagt, immer melden, in bestimmten Abständen, mal lauter, mal leiser, mal klingt sie wie ein beleidigter Teenager, mal wie ein mürrischer alter Mann. Mal nimmt sie die Form von dringlichen Obsessionen an, mal die von depressiven Gefühlen. Nur selten äußert sie sich gleich im Verlangen zu trinken. Zuerst sorgt sie für eine Wiederkehr alter Denkmuster, Gefühls- und Verhaltensweisen, für die Wiederkehr der alten Selbstbezogenheit und der mit ihr verbundenen Rationalisierungen. Die Krankheit hört nicht auf, einem zu sagen, dass man sie nicht hat, nur weil man nicht mehr trinkt. Mit der Zeit wird sie sogar noch ein bisschen klüger, ein bisschen subtiler. Bin ich denn wirklich noch abhängig, nach all den Jahren? Nach so langer Zeit könnte ich das Trinken doch sicherlich kontrollieren? Was kann denn schon passieren?

Abhängigkeit hat ihre eigene, ausgeprägte Präsenz im Gehirn. In einigen neurowissenschaftlichen Abhandlungen liest man von der Metapher eines »großen wilden Tieres«. Lässt man es zu lange sein Unwesen treiben und gibt man ihm zu viel Macht, bricht es aus seiner Umzäunung aus und richtet katastrophale Verwüstungen an.

Manchmal höre ich von einstigen Bekannten, die wieder mit dem Trinken angefangen haben. Es ist erschreckend, wie schnell die alte Krankheit sie umbringt. Es ist überhaupt erschütternd, wie viele Menschen an dieser Krankheit tagtäglich sterben. Menschen jeden Alters, jeder sozialen Herkunft, jeden Wohlstands- und Bildungsgrads. Ein Fall, der mich besonders bedrückt hat, war der Tod des US-Schauspielers Philip Seymour Hoffman, der an seiner Heroinsucht starb. Als ich die Nachricht von Hoffmans Tod hörte, war ich erst nur schockiert, dann kamen mir noch eine ganze Weile immer wieder die Tränen. Er war nüchtern geworden, als er 22 war. Er hatte 23 Jahre lang nichts getrunken und keine Drogen genommen. Und mehr noch, er schien so ein erfülltes Leben gehabt zu haben. Er hatte eine Familie gegründet, drei Kinder gehabt, die er über alles liebte. Für viele zählte er zu den talentiertesten Schauspielern seiner Generation. Doch irgendwann im Frühjahr 2012 begann er damit, Schmerzmittel zu missbrauchen und etwas später zu den härteren Sachen überzugehen, die er von früher kannte.

Wie vieles an der Krankheit Abhängigkeit ist auch das Phänomen des Rückfalls noch zu wenig erforscht. Man weiß, dass die Rückfallquote bei Alkohol- oder Drogenabhängigkeit ungefähr genauso hoch liegt wie bei anderen chronischen Krankheiten, die eine konsequente Veränderung des Lebenswandels erfordern, Diabetes etwa oder Bluthochdruck. Man weiß aber nicht genau, was Rückfällen biochemisch vorausgeht oder mit welchen psychischen Phänomenen sie genau verbunden sind.

Die wenigen einschlägigen Studien verschaffen nur einen statistischen Überblick. Einer Untersuchung des amerikanischen National Institute on Drug Abuse and Addiction zufolge werden im ersten Jahr der Nüchternheit 64 Prozent der Abhängigen rückfällig, zwischen den Jahren eins und drei 34 Prozent der Verbliebenen. Von den Menschen, die drei Jahre nüchtern gewesen sind, fangen hingegen nur noch 14 Prozent wieder an zu trinken. Und wenn man es für fünf Jahre geschafft hat, wird man wahrscheinlich auch nüchtern bleiben, sagt diese Studie. Allerdings wurde sie nur über einen Zeitraum von acht Jahren durchgeführt. Was nach dem achten Jahr passiert, sagt sie nicht.

Fälle wie den von Philip Seymour Hoffman gibt es regelmäßig. Andererseits kenne ich zahlreiche Menschen auf der ganzen Welt, die viele Jahre oder sogar einige Jahrzehnte nüchtern sind. Ich kenne diese Menschen, weil sie regelmäßig zu AA-Meetings gehen und in der einen oder anderen Form die weiter oben beschriebenen Werkzeuge für das Leben anwenden, die auch ich versuche anzuwenden. Der Neurologe Marc Lewis, der in seiner Jugend ebenfalls alkohol- und drogenabhängig war und der die Neurobiologie der Sucht schon als Medizinstudent zum Zentrum seiner Arbeit gemacht hat, erinnert in seinem Buch *Memoirs of an Addicted Brain* immer wieder daran, dass unsere Gehirne sich auch von einer Abhängigkeitserkrankung wieder erholen und die biochemischen und zellularen Folgen der Erkrankung bis zu einem gewissen Grad ausgleichen können.

Er weist aber auch darauf hin, dass wir nur in den seltensten Fällen alleine dazu in der Lage sind. Selbstkontrolle sei eine unsichere, immer schon gefährdete Fähigkeit, so Lewis. Sie wird von einem kleinen Zellhaufen in der vorderen Hirnrinde aufrechterhalten, der ständig neues Feedback, neue Bestätigung braucht. Wenn zu viel von diesen Zellen erwartet wird, wenn sie der Versuchung zu lange standhalten müssen, ohne positive Unterstützung zu bekommen, geben sie auf. Deswegen ist es für die meisten abhängigen Menschen nicht genug, wenn sie selbst ganz genau wissen, dass sie abstinent bleiben müssen. Sie brauchen vielmehr Menschen, die das Gleiche durchgemacht haben wie sie und verstehen, was in so einem Kopf vorgeht, sie brauchen eine Umwelt, die ihnen kontinuierlich bestätigt, dass es wirklich eine gute Idee ist, nüchtern zu bleiben. Eine Umwelt, die dem kleinen Zellhaufen Rückendeckung gibt.

Hätte man mich vor ein paar Jahren gefragt, ob ich daran glaube, einmal Zufriedenheit durch Meditieren, Yoga, Laufen, Psychoanalyse und AA-Meetings zu finden, hätte ich nur gelacht. Heute bin ich manchmal sogar ein bisschen dankbar dafür, dass ich abhängig geworden bin und mein Leben so ändern musste. Diese Ruhe und dieses Glück, das ich heute kenne, hätte ich ohne die Krankheit nie kennengelernt. Als ich noch trank, gab es tausende Momente, in denen ich mir wünschte, jemand anderes zu sein, den Platz mit jemandem zu tauschen, der eine tolle Beziehung führt, der einen besseren Job hat oder besser aussieht als ich. Das geht mir heute nicht mehr so, im Gegenteil, ich finde mein Leben inzwischen meistens gut. Heute weiß ich, dass die Ruhe, die ich früher suchte, die Fähigkeit zur Zufriedenheit, schon immer in mir war, dass sie in den meisten Menschen steckt. Ich hatte sie nur verstellt mit den Gläsern und Dramen, mit den selbst kreierten Katastrophen und der Angst.

Ich muss oft an meinen Partner denken, mit dem ich damals in Park Slope zusammenlebte. Wir sind immer noch befreundet. Ich muss an ihn denken, weil ich gerne wieder eine Beziehung hätte, aber eine mit weniger Schwierigkeiten und weniger gegenseitigen Verletzungen, eine Beziehung, in der sich niemand von uns beiden verstecken muss. Damals war es nicht anders möglich gewesen, obwohl wir uns so wichtig waren. Heute ist das anders. Es braucht Zeit, bis man die Fähigkeiten erlangt, eine halbwegs gesunde Beziehung zu führen. Bis man die Verantwortung für das eigene Verhalten wirklich übernehmen, den anderen als den akzeptieren kann, der er ist. Bis man nicht mehr zu viel vom anderen erwartet, ihm angstfrei gegenübertritt, einen Weg aus den endlosen Kreisläufen des Unglücks findet und dem, den man liebt, dieses Unglück nicht mehr aufzwingen muss. All das, habe ich das Gefühl, ist heute in Reichweite für mich, stellt heute eine realistischere Möglichkeit dar als jemals zuvor.

Abhängigkeit ist – um in den Bildern der Neurobiologie zu bleiben – der Versuch einer synaptischen Abkürzung, der Versuch, mehr von dem zu bekommen, was man braucht, indem man alles, was man zu brauchen glaubt, auf eine Substanz, den Alkohol, projiziert. Wenn man eine Substanz derart besetzt, wird es schwer, seine Bedürfnisse auf eine andere, eine reale Art und Weise zu befriedigen. Nüchtern kann man genau das. Als Abhängiger wird man sein Gehirn nicht wieder in den Zustand irgendeiner Unschuld zurückversetzen können. Aber man kann lernen, sein Leben wieder mit Bedeutung und Lust zu füllen und dem Stimmenkonzert im Kopf sanftere und liebende Stimmen hinzuzufügen. Der Sinn des Lebens sei es zu leben, hat die ungarische Philosophin Agnes Heller einmal gesagt. Nicht mehr und nicht weniger. Was für ein Abenteuer.

DER GROSSE PREIS VON BERLIN

Ein Jahr nachdem ich mit dem Trinken aufgehört hatte, habe ich mir das Wort »Grace« auf mein rechtes Handgelenk tätowieren lassen. »Grace« heißt so viel wie Gnade, Anmut oder Güte. Ich bin nicht religiös, aber immer noch viel zu oft unzufrieden mit meinem Leben. Ich mag es, daran erinnert zu werden, dass es viel gibt, wofür ich dankbar sein kann.

Leute fragen mich oft, wie ich es geschafft habe, aufzuhören. Und jedes Mal bin ich etwas verwirrt, denn das Aufhören war nie das Problem. Auf die Frage, wie ich es schaffe, nicht wieder anzufangen, kann ich antworten, dass ich versuche, ein möglichst glückliches Leben zu führen, so oft wie möglich innere Ruhe zu finden und mich der Welt irgendwie zu öffnen. So esoterisch das auch klingt, ich versuche, dieses Leben so zu akzeptieren, wie es ist. »Grace« eben.

Manchmal, wenn es mir schlecht geht und sich mein inneres Auge automatisch auf all das zu fokussieren scheint, was mir widerstrebt, was unschön ist und was falsch läuft, erstelle ich sogar Dankbarkeitslisten. Oprah Winfrey hat das mal in ihrer Sendung vorgestellt. Egal, wie peinlich mir das ist, und egal, wie stark sich hin und wieder immer noch eine Seite in mir regt, die augenrollend einfach nicht fassen kann, dass ich das wirklich mache: Ich setze mich morgens mit Kaffee und iPad an den Schreibtisch und schreibe fünf Dinge vom Tag zuvor auf, für die ich dankbar bin. Sie alle müssen gewissermaßen Geschenke sein, Geschenke des Lebens. Nichts, wofür man selbst verantwortlich ist oder was man glaubt, alleine, kraft seines Willens erreicht zu haben. Wenn man damit anfängt, ist es häufig schwer, auf fünf Dinge zu kommen. Aber schon nach ein paar Tagen beginnt man anders durchs Leben zu gehen. Es fällt einem auf, dass es sogar in einem Meer unfreundlicher U-Bahn-Nutzer ein paar sympathische Blicke gibt. Dass man permanent Menschen zufällig auf der Straße und bei anderen Gelegenheiten begegnet, die man sich wirklich freut zu sehen. Dass man etwas versteht, was man vorher nicht verstanden hat, dass man etwas intuitiv anders macht, von dem man lange glaubte, es nicht ändern zu können. Man bemerkt, dass man für die wenigsten seiner Erfolge wirklich verantwortlich ist, dass man zwar arbeiten und die Arbeit ernst nehmen kann, aber letztlich nicht zu kontrollieren vermag, wie viel Erfolg man mit ihr hat. Dass man gerührt, betroffen und verwirrt sein kann von Kunst, die jetzt entsteht, und von Kunst, die vor 500 Jahren entstanden ist. Dass Bücher von Flaubert und Tolstoi tatsächlich so etwas wie lebensverändernde Lektüren sind. Wie unfassbar gut eine einfache Mürbeteigtarte mit Crème Patissière und Walderdbeeren im Frühjahr schmeckt, wie herrlich die ersten, kleinen Haricots Verts im Sommer sind, was für eine Offenbarung selbst gesammelte Steinpilze im Herbst.

Ich kenne diesen Blick aufs Leben auch von früher, die meiste Zeit während meines Trinkens aber war er mir verstellt. Wenn dieser innere Blick dominiert, bemerke ich beim Spazieren im Park tatsächlich, wie die Jahreszeiten sich langsam wandeln, dass nichts jeden Tag gleich aussieht. Dann können mich meine Patenkinder zum Lachen bringen und ich empfinde Glück, wenn ich die Zeit mit alten Freunden verbringe, die ich schon als Teenager gekannt habe, und sehe, dass das alles schon irgendwie ganz gut ist, wie es ist. Ich kann glücklich sein, wenn ich zusammen mit einer Freundin zu einem unserer Abokonzerte in der Philharmonie gehe oder wenn ich im Hochsommer die Pflanzen auf meiner kleinen Terrasse gieße, die zu diesem Zeitpunkt einer Art Dschungel gleicht.

Die Wahrheit ist, dass es uns zu jedem Zeitpunkt besser geht als den meisten Menschen auf dieser Welt, dass wir in einer Sicherheit leben, die für viele Menschen unvorstellbar ist, in einem Wohlstand, der sich, als ich noch ein Kind war, utopisch angefühlt hätte. Es ist grotesk, wie schwer es mir und vielen fällt, dankbar für das Leben zu sein, das wir bekommen haben, obwohl wir so viel Grund dazu hätten. Dankbar, weil das Leben an sich schon einen Wert hat. Dankbar, weil es – so spießig und protestantisch und klischeemäßig das auch klingt – an sich schon ein Geschenk ist.

Ich kann nicht mehr genau sagen, wie in mir damals der Entschluss heranreifte, nichts mehr zu trinken. Ich weiß nur, dass irgendwann die Frage, der Haupttenor des inneren Monologs in meinem Kopf plötzlich nicht mehr »Warum ich?« hieß, sondern »Warum eigentlich nicht ich?«. Warum sollte ich nicht eine Krankheit haben, wie sie so viele Menschen haben, überall, und wie sie auch einige meiner Freunde hatten? Und warum sollte ich nicht versuchen, einen Weg zu finden, damit nicht bloß alt zu werden, nicht bloß zu überleben, sondern wirklich zu leben? Irgendwann wusste ich tatsächlich, dass es so weit war, einen Schlussstrich zu ziehen, auch wenn ich keine Ahnung hatte, wie dieser aussehen würde. Irgendwann wagte ich den Sprung ins Ungewisse. Ich glaube, das ist auch ein Moment von »Grace«. Viele Trinker, die ich kenne, versuchen einfach weiterzumachen, mit dem Glas in der Hand, die Augen verschlossen vor der Katastrophe, die sich vor ihnen abzeichnet.

Es fing alles mit einer schweren Lungenentzündung an, die mich jenen Sommer für mehrere Wochen außer Gefecht setzte und mir zum ersten Mal bewusst machte, dass das, was Leute mit Sterblichkeit meinen, etwas sehr Reales beschreibt. Jeder Tag, den ich bewegungslos und mit hohem Fieber in der Hoffnung verbrachte, die Antibiotika mögen anschlagen, jeder Tag, den ich damit verbrachte, mühsam und in kleinen Schritten wieder mein Lungenvolumen aufzubauen, war Teil eines nachhaltigen Entzauberungsprozesses. Ein Teil von mir hing nämlich noch immer dem Glauben an, dass meinem Körper und meinem Kopf nichts passieren könne, dass ich mich immer wieder regenerieren würde, egal, was ich anstellte.

Ich war fast einen ganzen Monat krank. Davor hatte ich ein halbes Jahr mein Kontrollregime durchgezogen – vier Drinks an zwei Abenden die Woche –, was mehr schlecht als recht funktionierte und regelmäßig zu den mir vertrauten Abstürzen mit ihren drastischen Folgen führte. Während ich krank war, kam ich gar nicht auf die Idee zu trinken, und als sich die Idee dann doch einstellte, dachte ich, dass es ganz gut sei, eine Weile nichts anzurühren. Was ich auch tat. Als ich dann jedoch wieder gesund war, überkam mich ein ungeheures Bedürfnis, am Leben dort draußen teilzunehmen, bei jeder Party mitzumachen, auf jede noch so kleine Galerieeröffnung zu gehen, so viele Menschen wie möglich zu treffen. Ich hatte einen Monat nichts getrunken, das schien Beweis genug, dass ich kein Alkoholproblem hatte.

Es dauerte nicht lange, bis ich wieder jeden Abend trank. Ich war einfach jeden Abend unterwegs, es war ein wundervoller Sommer, klar und heiß, voller Versprechen. Mein Trinken nahm innerhalb weniger Wochen die Ausmaße an, die es zeitweilig schon mal angenommen hatte und deren Wiederkehr ich heimlich immer befürchtet hatte: Ich trank nicht mehr nur jeden Abend, sondern wurde auch fast jeden Abend betrunken. Und es schien mir nichts mehr auszumachen. Tag um Tag, Woche um Woche ging ich nach der Arbeit aus, traf Leute, kam spät nach Hause und wollte eigentlich noch weiterfeiern. Und hinter der Fassade zeichnete sich meine Verzweiflung erneut in aller Deutlichkeit ab, die Momente der Pathologie, deretwegen ich doch überhaupt versucht hatte, mein Trinken zu kontrollieren. Mir war dieser selbstzerstörerische Sog vertraut, und mehr noch: Ich hatte das Gefühl, dass er dieses Mal noch stärker geworden war, dass es vermutlich anstrengender werden würde, ihm etwas entgegenzusetzen. Es war nur ein kleiner Schritt weiter in die Abhängigkeit, nur eine kleine Verschiebung. Eine Verschiebung, die mir jedoch einen unheimlichen Schrecken einjagte: Warum nicht ich?

Solche Momente der Klarheit sind kostbar. Die Wahl zwischen dem Trinken und dem Nichttrinken gibt es immer. Nur hat man sie als Abhängiger meistens nicht. Dafür laufen zu viele Prozesse in unserem Unbewussten ab, zu viele Entscheidungen haben wir schon lange getroffen, bevor wir auch nur eine Sekunde darüber nachgedacht haben. Doch jeder Abhängige, jeder Trinker kennt sie, diese Momente der Klarheit. Jene Momente, in denen ein Lichtstrahl durch die dicke Schicht des Selbstbetrugs bricht, jene erschreckenden Momente, in denen man mit seinem ganzen Körper spürt, dass hier etwas schiefläuft. Es gibt keine Zufälle, heißt es oft. Ich wüsste solche Momente allerdings nicht anders zu beschreiben als in der Sprache des Zufalls: Sie kommen überraschend und sind auch genauso plötzlich wieder verschwunden, sie brechen über einen herein und haben das Potential, wahre innere Revolutionen auszulösen. Man kann sie nicht planen, nicht konstruieren, sie nicht herbeiwünschen. Man kann nur dafür sorgen, dass der Nährboden da ist, um sie zu nutzen, wenn sie eintreten.

Den letzten Tag, an dem ich getrunken habe, habe ich im Sommer 2011 bei einem Pferderennen in Berlin-Hoppegarten verbracht. Ich wünsche mir jeden Morgen, dass das mein letzter Tag bleibt. Ich würde inzwischen alles tun, um mich nicht wieder so zu fühlen wie damals. Ich hatte mit meiner Analytikerin ausgemacht, dass ich am Tag darauf meine Trinkpause beginnen würde, und mit meinem französischen Freund schon einmal darüber gesprochen, dass es die Möglichkeit gäbe, zu Meetings zu gehen. Offensichtlich arbeitete etwas in meinem Kopf und brachte die gewohnten Argumentationen der Selbsttäuschung durcheinander.

Ich traf die Freundin, mit der ich zum Pferderennen ging, morgens um 11 Uhr am Alexanderplatz, von wo aus wir zusammen die S-Bahn nahmen. Sie arbeitete für den Verlag, bei dem die Zeitschrift, für die ich tätig war, erschien, und wir waren von einem Anzeigenkunden auf die VIP-Tribüne eingeladen worden.

Wir waren beide am Abend zuvor ausgegangen, aber ich war derjenige, der verkatert und eigentlich noch betrunken war. Ein Freund von mir hatte in einer kleinen Bar seinen Geburtstag gefeiert. Obwohl ich nicht lange hatte bleiben wollen, war es ein rauschender Abend gewesen. Der harte Kern hatte erst morgens um fünf Schluss gemacht. Irgendwo aus dem Nichts waren ein paar Gramm Koks aufgetaucht, und ich war jede halbe Stunde brav mit deren Besitzer aufs Klo gegangen, weil man das, dachte ich, so machte, wenn irgendwo ein paar Gramm auftauchten, und obwohl ich eigentlich schon Jahre zuvor, als ich aus New York weggezogen war, beschlossen hatte, das nicht mehr zu machen.

Ein anderer Bekannter, der, wie er erzählte, elf Monate lang abstinent gelebt hatte, wurde an jenem Abend rückfällig. Irgendwann stand er mit uns auf dem Klo, das Glas in der Hand, und ich weiß noch, wie traurig ich das fand. Wie sehr mir eigentlich klar war, dass er gerade etwas unfassbar Dämliches tat, aber auch, dass man da eh nichts unternehmen konnte. Er wirkte mehr als bestimmt, so als hätte ein Teil von ihm schon eine Weile geplant, an jenem Abend genau das zu machen.

Es war ein Abend, wie ich ihn schon tausende Male gehabt hatte, mit oder ohne Drogen. Die Annäherungs-, Gesprächs-, Intimitäts- und Rauschszenarien spielen sich so oder so ähnlich jeden Tag millionenfach überall auf der Welt ab. Ich fühlte mich wie bei einem Spiel, das ich nur noch aus Gewohnheit spielte, für das ich nur noch aus Reflex in mein Portemonnaie griff. Als ich schließlich zurück in meine Wohnung stolperte, zwitscherten wieder einmal die viel zu lauten Morgenvögel, und ich fragte mich, warum ich das alles überhaupt machte.

In der S-Bahn nach Hoppegarten lachte die Freundin über meine Erzählung vom Abend zuvor. Sie lachte auch über meine Beschreibung meines Katers, sie kannte das. Wir hatten uns beim Trinken kennengelernt, das war etwas, worin wir beide gut waren. Auf der VIP-Tribüne angekommen, fingen wir schon mittags an, Champagner zu trinken. Es war ein Luxus, den sich keiner von uns beiden selbst hätte leisten können. Die ersten Gläser beruhigten meinen verkaterten Kopf, und ich fühlte mich schlagartig besser. Aber je länger wir tranken, desto deutlicher wurde mir, dass ich an diesem Tag nicht betrunken werden würde. Ich weiß nicht, woran es lag. Wir müssen an jenem Nachmittag jeder zwei Flaschen geleert haben, vielleicht auch drei, ich in jedem Fall sehr viel mehr als sie. Wir feierten bis in den Abend. Aber der Alkohol schien nicht richtig zu wirken.

Wir waren nicht die Einzigen, die so früh anfingen und so viel tranken. Hunderte von Menschen schienen sich an jenem Sonntag einem kollektiven Rausch hinzugeben, der an seinen Rändern die üblichen Verfallserscheinungen erkennen ließ: Da waren der manchmal hochpeitschende Lärmpegel, die zunehmend vulgärer werdenden Ausrufe der Menge, der immer verschwitztere, verrutschtere und verschmutztere Sonntagsstaat der Anwesenden, später die ersten Eifersüchteleien und Rangeleien, die eine oder andere sich übergebende Person.

Wir bekamen eine Tour durch die Anlagen der Rennbahn, konnten uns die Pferde von nahem anschauen, wetteten auf Tiere mit so skurrilen Namen wie »Superstition«, »Night Magic«, »All Night Long«, »Arabian Falcon«, »Dynamite Cat« oder – mein Favorit – »Wheredreamsare« und verloren selbstverständlich. Wir feuerten unsere Favoriten vom abgetrennten VIP-Teil der Rennbahn aus an, wo wir zwischen Frauen mit Hüten und Männern mit nicht allzu gut sitzenden Anzügen standen, denen man ansah, dass sie elegant und vielleicht auch ein bisschen britisch aussehen sollten und viel Geld gekostet hatten. Die Leute wirkten nicht sonderlich glücklich. Aber vielleicht bildete ich mir das auch nur ein. Ich selbst trug ein ultramarinblaues italienisches Sommerjackett und einen kleinen Strohhut, der eigentlich hatte ironisch rüberkommen sollen, das aber nicht wirklich tat.

Es war, alles in allem, ein herrlicher Sommertag. Das Wetter war traumhaft und noch nicht einmal zu heiß für Ende Juli. Die Freundin und ich unterhielten uns gut, wir redeten pausenlos über die Geschehnisse im Büro, unsere letzten, recht unbefriedigenden Erlebnisse mit Männern, über die Leute, die mit uns auf der Tribüne Platz gefunden hatten.

Auf den Videos der Rennen jenes Tages ist zu sehen, wie schön das Wetter tatsächlich war, wie klar die Luft und wie grün die Bäume. Man sieht kaum Menschen. Und trotzdem durchfährt es mich, wenn ich mir die Videos anschaue. Sie haben etwas Unheimliches. Ein Pferd namens »Danedream« gewann damals den Großen Preis von Berlin, was ich, wie vieles von jenem Tag, natürlich vergessen hatte. Woran ich mich jedoch bis heute erinnern kann, und zwar in aller Deutlichkeit: Wie im Laufe des Tages in Hoppegarten das Gefühl immer stärker wurde, dass dieser Sonntag in dieser skurrilen Umgebung ein schöner Abschied wäre. Ein Abschied von einer großen Liebe, der Liebe meines Lebens. Bei strahlendem Sonnenschein, zwischen Pferden mit lustigen Namen und beschwipsten Menschen, konnte ich in meinem ganzen Körper spüren, dass ich so noch weitermachen könnte, vielleicht noch ein paar Monate, vielleicht noch ein paar Jahre, vielleicht auch, so wie einige der älteren Männer, die ich kannte, noch viel länger, Jahrzehnte – aber dass da nichts mehr kommen würde, dass von nun an mehr als je zuvor jeder Tag dem anderen gleichen würde, dass selbst so ein absurder, skurriler, alles in allem außergewöhnlich schöner Tag sich innerlich für mich genauso anfühlen würde wie alle anderen Tage davor auch.

Ich wusste, dass es nur noch weiter bergab gehen könnte, dass die Momente reiner Dunkelheit und Pathologie nur noch häufiger werden würden, wusste, dass das, was da noch kommen würde, nichts, wirklich gar nichts Gutes versprach. Ich ahnte, dass ich das, was ich in meinem Leben suchte – auch wenn ich nicht wusste, was es war –, nicht finden würde, wenn ich weiterhin trank. Und ich wusste plötzlich, dass es tatsächlich eine Alternative zu diesem Leben geben kann, eine Alternative, die ich noch nicht ausprobiert hatte, der ich nicht nur keine Chance gegeben hatte, sondern die ich bis dato noch nicht einmal gesehen hatte: Dass es sinnvoll wäre, die kommende Trinkpause ernst zu nehmen und sie zu nutzen, um meinem Leben tatsächlich eine andere Richtung zu geben. Dass ich auch aufhören könnte zu trinken – wirklich aufhören.

Ich glaube, ich sagte das damals so oder so ähnlich auch jener Freundin, und ich glaube, sie lachte nur und schaute mich ungläubig an. Ganz so, als würde ich schon bald wieder zur Vernunft kommen. Ich erzählte es auch einem Kollegen von einer anderen Zeitung, den ich sehr mochte und am Abend jenes Sonntags noch zum Essen und auf eine Flasche Rotwein traf. Innerlich spürte ich, dass das der richtige Weg war. Dass das ein Weg war, den es auszuprobieren galt.

Momente der Klarheit sind seltsame Zufälle. Man muss sie beim Schopf packen, denn sie können einem das Leben retten. Sie sind seltene Konstellationen von Neurobiologie und Psyche, die einen ehrlichen Blick auf das abhängige Selbst erlauben. Es sind Zwischenfälle, in denen wir zwar immer noch keinen blassen Schimmer von den Ursachen haben, die unserem Verhalten zugrunde liegen, aber von denen wir trotzdem intuitiv wissen, dass sie gut sind. Es sind Begebenheiten, die einen so überlebenswichtigen wie unwahrscheinlichen Abschied vom Trinken tatsächlich möglich machen. Dass wir diese, wenn auch kurze, Einsicht in die Zusammenhänge bekommen, ist ein unerhörtes Geschenk. Ein wirkliches, ein unglaubliches Beispiel für »Grace«. Ein Moment von »Grace«, für den ich bis heute jeden einzelnen Tag dankbar bin.

Verluste im Inneren

Die Daten der Grant-Studie sind folgendem Buch entnommen: George E. Vaillant: *Triumphs of Experience. The Men of the Harvard Grant Study*, Cambridge 2012, vor allem S. 299–335.

Auf das Zitat von John Cheever ist die großartige britische Autorin Olivia Laing bei Recherchen in seinem Nachlass gestoßen. Die Übersetzung stammt von mir. Olivia Laing: *The Trip to Echo Spring. Why Writers Drink*, London 2013, S. 268.

Anleitungen zum Selbstbetrug

Alle aufgeführten Zahlen stammen aus folgenden Quellen:

Jahrbuch Sucht 2013, hrsg. von der Deutschen Hauptstelle für Suchtfragen e.V., gefördert durch das Bundesministerium für Gesundheit.

Ulrich John et al.: »Excess mortality of alcohol-dependent individuals after 14 years and mortality predictors based on treatment participation and severity of alcohol dependence«, in: *Alcoholism – Clinical and Experimental Research*, Januar 2013.

Wilhelm Feuerlein: *Alkoholismus. Warnsignale, Vorbeugung, Therapie*, München 2008.

Interview zwischen der Journalistin Karin Janker und dem Suchtmediziner Karl Mann: »Nur zehn Prozent der Alkoholiker kommen in Behandlung«, in: *Süddeutsche Zeitung*, 20. Juni 2013.

Global Drug Survey 2013, http://www.globaldrugsurvey.com.

Gemeinsamer Bericht des World Cancer Research Fund und des American Institute for Cancer Research 2007–2014: http://www.dietandcancerreport.org/expert_report/index.php.

Das Zitat von Joschka Fischer stammt aus: Nico Fried: »Reden mit Eventcharakter. Fischers Abschied vom Bundestag«, in: *Süddeutsche Zeitung*, 13. Dezember 2008.

Das Zitat von Peter Richter stammt aus: Peter Richter: *Über das Trinken*, München 2011, S. 40.

Arbeit am Stigma

Bei der Studie über verschiedene Abhängigkeitsraten handelt es sich um James C. Anthony et al.: »Comparative Epidemiology of Dependence on Tobacco, Alcohol, Controlled Substances, and Inhalants: Basic Findings from the National Comorbidity Survey«, in: *Experimental and Clinical Psychopharmacology*, August 1994.

Die Studie über die Abstufungen der Schädlichkeit verschiedener Substanzen findet sich in David J. Nutt et al.: »Drug Harms in the UK: A Multicriteria Decision Analysis«, in: *Lancet* 2010.

Die große Angst

Bei der Erklärung der neurologischen Dimension der Abhängigkeit stütze ich mich im Wesentlichen auf folgende Veröffentlichungen:

Bruce Goldman: »The Neuroscience of Need. Understanding the Addicted Mind«, in: *Stanford Medicine*, Spring 2012.

Marc Lewis: *Memoirs of an Addicted Brain. A Neuroscientist Examines His Former Life on Drugs*, New York 2012.

David J. Linden: *The Compass of Pleasure*, London 2011.

Dirk Hanson: *The Chemical Carousel. What Science Tells Us About Beating Addicton*, New York 2009.

Das Zitat zum Sieg von Jenny Elvers bei der Reality-TV-Show *Promi Big Brother* stammt aus Simone Deckner: »Jenny Elvers – Siegerin der Schmerzen«, in: *Stern.de*, 28. September 2013.

Das Zitat über Uli Borowka stammt aus Roland Wiedemann: »Ich habe am Tag einen Kasten Bier, eine Flasche Wodka, eine Flasche Whisky gesoffen«, in: *ZEIT ONLINE*, 4. Januar 2013.

Allein unter Trinkenden

Bei der James-Bond-Studie handelt es sich um Graham Johnson et al.: »Were James Bond's Drinks Shaken Because of Alcohol Induced Tremor?«, in: *British Medical Journal*, Dezember 2013.

Arbeiten und Trinken

Das Zitat von Stephen King stammt aus dessen Buch *Das Leben und das Schreiben*, München 2011, S. 213.

Zur Philosophie von Robert Pfaller vgl. Robert Pfaller: *Wofür es sich zu leben lohnt*, Frankfurt am Main 2012. Die Zitate stammen aus Robert Pfaller: »Lasst euch nicht verführen! Über Bevormundungspolitik und die Riten der Unterbrechung«, in: *Kursbuch*, September 2013, S. 110 und 112.

Sich ein neues Leben vorstellen

Die Studie über die Rückfallraten in den ersten acht Jahren Nüchternheit findet sich hier: Michael L. Dennis et al.: »An Eight-Year Perspective on the Relationship Between the Duration of Abstinence and Other Aspects of Recovery«, in: *Evaluation Review*, Dezember 2007.

LITERATUR

Gregory Bateson: *Steps to an Ecology of Mind*, Chicago 2000.

Zygmunt Bauman: *Flüchtige Zeiten. Leben in der Ungewissheit*, Hamburg 2008.

Allen Berger: *12 Smart Things to Do When Booze and Drugs Are Gone*, Center City 2010.

Elaine Blair: »A New Brilliant Start«, in: *New York Review of Books*, 6. Dezember 2012.

Hartmut Böhme: »Leibliche und kulturelle Codierungen der Angst«, in: *Große Gefühle. Bausteine menschlichen Verhaltens*, Frankfurt am Main 2000.

Simon Borowiak: *Alk. Fast ein medizinisches Sachbuch*, Frankfurt am Main 2006.

Alain de Botton: *Statusangst*, Frankfurt am Main 2006.

Alain de Botton: *Freuden und Mühen der Arbeit*, Frankfurt am Main 2012.

Pierre-André Boutang: *Abecedaire – Gilles Deleuze von A bis Z. 3 DVDs*, Berlin 2009.

Kathrin Burger: »Château Médecine. Wie gesund Rotwein ist«, in: *Süddeutsche Zeitung*, 8. März 2013.

Nina Buschek: »Wie Alkohol den Körper zerstört«, in: *Süddeutsche Zeitung*, 20. Juni 2013.

David Carr: *The Night of the Gun. A Reporter Investigates the Darkest Story of his Life. His Own*, New York 2008.

Raymond Carver: *Where I'm Calling From*, New York 1989.

Bill Clegg: *Portrait eines Süchtigen als junger Mann*, Frankfurt am Main 2011.

Richard Davenport-Hines: *The Pursuit of Oblivion. A Global History of Narcotics*, New York 2004.

Joan Didion: *Slouching Towards Bethlehem. Essays*, New York 2008.

Joan Didion: *The White Album. Essays*, New York 2009.

Charles Duhigg: *Die Macht der Gewohnheit. Warum wir tun, was wir tun*, Berlin 2012.

Per Olov Enquist: *Ein anderes Leben*, München 2011.

Mark Epstein: *The Trauma of Everyday Life*, New York 2013.

Hans Fallada: *Der Trinker*, Berlin 2012.

Wilhelm Feuerlein: *Alkoholismus. Warnsignale, Vorbeugung, Therapie*, München 2008.

Max Frisch: *Aus dem Berliner Journal*, Berlin 2013.

Bruce Goldman: »The Neuroscience of Need. Understanding the Addicted Mind«, in: *Stanford Medicine*, Spring 2012.

Martha und Ken Grimes: *Double, Double. A Dual Memoir of Alcoholism*, New York 2013.
Peter Hamill: *A Drinking Life. A Memoir*, New York 1994.
Dirk Hanson: *The Chemical Carousel. What Science Tells Us About Beating Addicton*, New York 2009.
Jürgen Heckel: *Sich das Leben nehmen. Alkoholismus aus der Sicht eines Alkoholikers*, München 2011.
Adam Higginbotham: »Oliver Sacks' Most Mind-Bending Experiment«, in: *The Sunday Telegraph*, 13. November 2012.
Siri Hustvedt: *Die zitternde Frau. Eine Geschichte meiner Nerven*, Reinbek bei Hamburg 2011.
Mary Karr: *Lit. A Memoir*, New York 2010.
Stephen King: *On Writing. A Memoir of the Craft*, New York 2010.
Caroline Knapp: *Drinking. A Love Story*, New York 1996.
Olivia Laing: *The Trip to Echo Spring. Why Writers Drink*, London 2013.
Ursula Lambrou: *Familienkrankheit Alkoholismus. Im Sog der Abhängigkeit*, Reinbek bei Hamburg 2010.
Christopher Kennedy Lawford: *Recover to Live. Kick Any Habit, Manage Any Addiction*, New York 2013.
Christopher Kennedy Lawford: *Symptoms of Withdrawal. A Memoir of Snapshots and Redemption*, New York 2006.
Marc Lewis: *Memoirs of an Addicted Brain. A Neuroscientist Examines His Former Life on Drugs*, New York 2012.
David J. Linden: *The Compass of Pleasure*, London 2011.
Johannes Lindenmeyer: *Alkoholabhängigkeit. Fortschritte der Psychotherapie*, Göttingen 2005.
Jack London: *John Barleycorn*, New York 2001.
Clancy Martin: »The Drunk's Club. A.A., the Cult that Cures«, in: *Harper's Magazine*, Januar 2011.
D.T. Max: *Every Love Story is a Ghost Story. A Life of David Foster Wallace*, New York 2013.
William Cope Moyers: *Now What? An Insider's Guide to Addiction and Recovery*, Center City 2012.
Robert Pfaller: *Wofür es sich zu leben lohnt*, Frankfurt am Main 2012.
Robert Pfaller: »Lasst euch nicht verführen! Über Bevormundungspolitik und die Riten der Unterbrechung«, in: *Kursbuch*, September 2013.
Steven Pressfield: *The War of Art. Break Through the Blocks and Win Your Inner Creative Battles*, New York 2002.
Peter Richter: *Über das Trinken*, München 2011.

Jasmin Rogg: *Ich hör jetzt auf. Das eigene Suchtverhalten erkennen und loslassen*, München 2012.
Oliver Sacks: »Sleuth of the Mind. A Conversation with Oliver Sacks«, in: *Stanford Medicine*, Spring 2012.
Thomas Schramme (Hrsg.): *Krankheitstheorien*, Berlin 2012.
Sacha Z. Scoblic: *Unwasted. My Lush Sobriety*, New York 2011.
David Sedaris: »Guy Walks into a Bar Car. Lost Loves and Lost Years«, in: *The New Yorker*, 20. April 2009.
Tomas Sédlaček: *Die Ökonomie von Gut und Böse*, München 2012.
Richard Sennett: *Der flexible Mensch*, Berlin 1998.
Viktor Sommer: *Jetzt ist es genug! Leben ohne Alkohol*, München 2005.
Susan Sontag: *Illness as Metaphor and AIDS and Its Metaphors*, New York 1990.
Benjamin von Stuckrad-Barre: »Nüchtern. Ach, richtig, du trinkst ja nichts – beneidenswert«, in: *WELT am SONNTAG*, 28. Oktober 2012.
Serge Tisseron: *Phänomen Scham. Psychoanalyse eines sozialen Effekts*, München 2000.
Berit Uhlmann: »Verrauschte Werte«, in: *Süddeutsche Zeitung*, 20. Juni 2013.
Berit Uhlmann: »Jeder Deutsche trinkt eine Badewanne voll Alkohol«, in: *Süddeutsche Zeitung*, 3. April 2013.
George E. Vaillant: *Triumphs of Experience. The Men of the Harvard Grant Study*, Cambridge 2012.
George E. Vaillant: *The Natural History of Alcoholism Revisited*, Cambridge 1995.
David Foster Wallace: *Unendlicher Spaß*, Reinbek bei Hamburg 2011.
William L. White: *Pathways from the Culture of Addiction to the Culture of Recovery. A Travel Guide for Addiction Professionals*, Center City 1996.
Léon Wurmser: *Die Maske der Scham. Die Psychoanalyse von Schameffekten und Schamkonflikten*, Magdeburg 2010.

DANKSAGUNG

Zum Glück weiß man nie, wie schwierig die Arbeit an einem Buch sein wird, wenn man sie beginnt. Wahrscheinlich würde man sonst nie mit dem Schreiben anfangen. Das Schreiben dieses Buches glich für mich oft einer emotionalen Achterbahnfahrt. Ohne die Unterstützung vieler Freunde und Kollegen – nüchtern wie trinkend – wäre ich wohl kaum heil durch die vergangenen anderthalb Jahre gekommen.

Ich möchte Beatrice Faßbender und Anne Scharf danken. Sie haben schon früh Entwürfe des Manuskripts gelesen und mich auch dann im Schreiben bestärkt, als ich daran zweifelte. Doris Knecht, Bill Martin, Marie Naumann und Amy Patton haben viele wichtige Anregungen geliefert. Benjamin Kiss, Dean Sameshima und Maria Solrun waren immer für mich da, wenn ich nach einem schwierigen Tag bei ihnen anrief. Andreas Gegner, Frederik Pischke und Huberta von Voss-Wittig waren so großzügig und haben mir zur Recherche und zum Schreiben ihre Wohnungen in London, Genf und New York zur Verfügung gestellt. Andreas Fanizadeh hat die monatliche »Nüchtern«-Kolumne in der *taz* ermöglicht. Christian Dunker und Marc Iven wollten einen Text zum Thema für ihre Zeitschrift *Geistesblüten* haben, Armin Kerber einen Essay für das Schweizer Kulturmagazin *DU* und Ijoma Mangold einen Artikel für *DIE ZEIT*. Ich weiß nicht, was ich ohne meine Psychoanalytikerin Edith Seifert gemacht hätte. Von ganzem Herzen möchte ich meinen Eltern, meinen Geschwistern und allen Freunden danken, die ich an dieser Stelle nicht genannt habe.

Ganz besonders bin ich meinem Lektor Ludger Ikas und meinem Agenten Thomas Hölzl dankbar. Und schließlich hatte ich das große Glück, dass gleich zwei wirklich wunderbare Verleger von *Nüchtern* überzeugt waren: Elisabeth Ruge und Karsten Kredel. Danke!

Ich hätte dieses Buch nie alleine schreiben können. Ohne all diese Menschen wäre es nicht zustande gekommen.